Eduard Wagner 2017

Pròleg

Pots veure-ho com vulguis: són aquestes memòries o és només una seqüència d'esdeveniments de la meva vida. M'agradaria dir que en el moment que vaig viure això, vaig creure que això era correcte. Gairebé no vaig rebre cap consell de familiars o amics sobre si era el correcte o no. Però sempre era una qüestió de si ho hauria tingut en compte. Per descomptat, al llarg de les pàgines següents sempre hi ha llocs on estic al límit de la legalitat. Però com que això van ser fa un temps i personalment estic en el que vaig fer o no vaig fer aleshores, no veig cap problema si sorgeixen aquestes conseqüències. Que aquesta sigui una vida plena o feliç no depèn de mi, sinó del lector, però al final trauré una conclusió.

Família 1970

<u>Desembre de 1959 casa dels pares</u>

A finals de 1959 vaig veure la llum a Viena,
tot i que hi era però gairebé no me'n recordo.

Va venir com el segon nascut, el meu germà ja tenia 6 anys en una família de Suabia del Danubi. Per explicar els meus orígens: al final de la Segona Guerra Mundial, els meus pares van ser expulsats de l'actual Sèrbia per part dels partidaris a punta de pistola i les seves vides van ser amenaçades. Com que pertanyien al grup d'ètnia alemanya (suabes del Danubi), la seva llengua materna era l'alemany, la qual cosa significa que també podien parlar serbocroat. Els seus avantpassats eren instal·lats actualment pel Prinz Eugen a l'aleshores Iugoslàvia per tal de reforçar-hi la infraestructura, cosa que van aconseguir fer. En l'agitació de la Segona Guerra Mundial van ser expulsats per partisans tant del nord com del sud amb l'amenaça de les seves vides. En aquest moment ja havien aconseguit prosperitat i reputació, on no hi havia cap hostilitat entre els iugoslaus que hi vivien i la població de parla alemanya. Els meus pares i les seves famílies van ser rebuts l'any 1944 amb les paraules: Què hi feu? Per què parles tan bé alemany? Fes el camí cap a casa. Aleshores només era l'acollida dels "estrangers". Ja no es pot imaginar avui. Doncs torna a mi. Vaig tenir una infància fàcil, almenys fins als 10 anys. El meu pare va exercir el seu ofici, que ja havia après a Sèrbia, i la meva mare era, com encara era costum aleshores, mestressa de casa. En la mesura que em permetien els meus pares, vaig tenir de tot, des de joguines fins a bicicletes i coses semblants. A l'estiu vaig anar a una casa d'hostes al sud de la Baixa Àustria cada any amb el meu germà i la meva mare durant dues o tres setmanes. El meu pare, com que havia de treballar entre setmana per motius econòmics, ens va venir divendres amb ciclomotor i es va quedar fins diumenge. Cal tenir en compte que el meu pare només va obtenir el carnet de conduir l'any 1972. En aquella època també vaig conèixer una família que vivia prop de la pensió. En aquest hi havia dues filles, una de cinc anys més jove i l'altra un any més gran. Vol dir que el més gran ja m'ha trobat amb bolquers.

Escola setembre 1966

Inici de la meva carrera escolar. A l'escola primària estava en una classe de nois. Una graduada de l'aleshores Pädag es va presentar com a professora. Tenia uns 25 anys i una dona preciosa pel que vaig poder dir a aquella edat. Encara recordo una anècdota que em va sorprendre bastant en aquell moment. Al començament dels meus dies d'escola vaig venir a la meva mare i li vaig dir el següent: Tu, mare, la professora t'has pintat els dits de vermell brillant. Com pots fer una cosa així? El rerefons era que la professora Ulrike només s'havia pintat les ungles, cosa que en aquell moment encara no era habitual per a mi. Crec que la meva mare es va girar de costat en aquell moment i probablement va haver de somriure, després em va explicar de què es tractava. Bé, em vaig graduar de primària amb molt bones notes, a part de pintura i dibuix. Però també tenia respecte per la "dona professora", que castigava les infraccions amb "estar a la cantonada". El camí cap a l'escola, aleshores tot encara era a peu, sempre era un repte, perquè sempre hi havia un, dos o tres companys de l'escola amb qui es podia fer malabarisme a la vorera.

Batxillerat setembre 1970

Després que vaig seguir somiant amb la feina dels somnis de "metge" a aquesta edat i el meu certificat d'escola primària va ser en conseqüència, els meus pares em van registrar al districte veí de l'institut. L'any 1969, el meu pare li havia retornat la llicència comercial per a la reparació d'ampolles d'aigua de soda perquè ja no era rendible i posteriorment es va dedicar a una nova feina, concretament a la venda de diaris. Això vol dir que va vendre el diari més gran del nostre país com a colportor al vespre fins a les 11 del vespre en un estand. Com que això era mig rendible, la meva mare també va començar a vendre diaris. Amb això es van poder estalviar molts diners amb els anys, els dos, és a dir el meu germà i jo, el benestar no es va descuidar. Bé, ara estava a primer de batxillerat humanístic. Els dilluns sempre hi havia matemàtiques i anglès un darrere l'altre. Doncs això va anar a mig camí durant un temps, però al cap d'un temps em vaig posar malalt i els meus pares em van escriure una confirmació que estava malalt. Però com que el professorat no em va treure aquest paper, el vaig quedar. Ara el dilluns amb anglès i matemàtiques cada cop em repugnava més, així que em va venir la idea de posar-me "blau" un o altre dilluns i no anar a l'escola. Aleshores vaig presentar la confirmació que jo mateix estava malalt amb la signatura dels meus pares. Com que majoritàriament es tractava de les mateixes malalties i la signatura ja no era la millor, va passar com calia. De sobte, els meus pares van rebre una citació per venir a l'escola. Per descomptat, se'ls va preguntar sobre els meus dies perduts i les notes resultants i, en conseqüència, es van sorprendre o decebre amb mi. La conseqüència d'això va ser que l'escola em va condemnar a un "cataclisme" (4 hores de càstig escrit sol a l'escola). Pel que jo sé, aquest tipus de càstig ja no existeix avui. Finalment el curs va acabar amb dos cinc. Això vol dir que vaig haver de repetir la 1a classe, ja que llavors encara era obligatori.

Setembre de 1971 internat

Després d'aquest fet decisiu per a mi, el consell de família es va reunir en forma dels meus pares i el meu germà de disset anys. S'hauria d'enviar per endavant que el meu pare va estar uns quants anys en un internat de parla alemanya durant els seus dies escolars a Sèrbia. Així, es van aconsellar a quina escola hauria de continuar anant. Com que, és clar, als 11 anys no tenia ni idea o només limitava el que em depara, vaig haver d'acceptar la decisió del consell de família. Com que em vaig batejar protestant des del naixement, no es va acceptar la meva inscripció als internats catòlics, com ara els germans d'escola de Strebersdorf. Aquesta decisió va fer que vaig anar a un internat del districte 13, que també incloïa una escola de gramàtica humanística. Amb aquesta decisió dels meus pares em vaig barallar durant molt de temps, perquè hi vaig estar més o menys tancat des de diumenge al vespre fins dissabte al migdia. Si havia "trencat" alguna cosa durant la setmana, el cap de setmana tampoc no hi havia resultat. Afortunadament, això va ser rarament el cas al districte 13. Una cosa era interessant en aquesta casa, perquè el cap d'aquesta institució era el net d'Adalbert Stifter (el seu nom era el mateix). Aquest director era un àvid fumador de pipa, on s'olorava el fum per tot l'edifici i, amb intensitat creixent, sabíem que el perill era imminent. Vaig estar 3 anys a Himmelhof, així es va anomenar l'internat d'allà. Després em vaig traslladar a l'internat del mateix nom del districte 2 amb el mateix tutor Franz, allà, però, els costums eren els mateixos que al districte 13. Això vol dir, si hi havia mala conducta per part meva durant la setmana, involuntàriament se'm permetia passar el cap de setmana amb càstig a l'internat. Com que la supervisió allà no era molt bona i jo, per descomptat, també m'he fet gran, sovint hi havia caps de setmana a l'internat.

Aleshores, amb 13 anys, vaig conèixer els cigarrets, fet que també va provocar que em veiés obligada a quedar-me a casa. Aquesta amistat amb la nicotina m'ha perdurat fins avui. Tot va anar força bé fins a 4t de primària i després vam tenir una professora de biologia de Caríntia que acabava d'acabar els seus estudis. Per a nosaltres, els alumnes d'entre 14 i 15 anys, és clar, era un repte pel que fa a la pubertat, perquè era una dona maca amb una figura corresponent. Així que em vaig deixar portar a una afirmació durant la lliçó que em va valer la pitjor nota de conducta. A més, també vaig recollir les pitjors notes en diversos objectes, de manera que vaig haver de repetir 4t de primària. Això ho havia aconseguit i per això, com que això ja no s'ensenyava a casa, vaig haver d'anar a 5è de primària del liceu humanístic del barri veí. Com que encara volia ser metge, vaig suposar que faria servir el grec antic, ja que també m'agradava molt la llengua llatina. Va ser interessant en aquell moment que vaig acabar en una classe mixta per primera vegada, però només hi havia 6 noies i la resta de nois. El primer semestre encara tenia una mica de ganes d'aprendre, però com que no m'agradava gens el grec antic, les notes es veien en conseqüència. No es va aturar només amb aquesta assignatura i, per tant, hauria hagut de repetir la classe, només que en aquell moment ja no era possible. Així que els meus pares van decidir, des que ara tenia 17 anys, que començaria un aprenentatge. Quan tenia uns 16 anys, quan encara estava a l'internat, em va acostar l'Ernst, que era fill d'una amiga de la meva mare, per saber si no volia anar a balls populars tots els divendres al vespre. Aquesta va ser, per descomptat, una tasca difícil a l'internat, ja que no sempre va ser el cas de sortir d'allà. Al final, finalment em van permetre sortir divendres de 18 a 22 hores. La dansa popular va tenir lloc a la casa dels suabes del Danubi al districte 3r. Quan vaig arribar-hi, vaig trobar una trentena d'homes i dones joves, dels quals jo era un dels més joves. Un suau danubian nadiu es va presentar a mi com a líder, que va assajar les danses populars amb nosaltres. Però com que jo era decididament anti-talent a l'hora de ballar, aquest home també va tenir dificultats per ensenyar-me això. Encara recordo un episodi en què el supervisor em va agafar la cuixa a la mà perquè no entenia la seqüència d'un pas alternat. Probablement no ha canviat res d'això fins avui. Aquestes nits hem estudiat balls populars amb 8 a 10 parelles, que després hem representat a la temporada de pilota de gener i febrer. Al llarg del temps, es va desenvolupar un grup de persones de la mateixa edat que anaven a jugar a bitlles dues vegades per setmana al Prater de Viena. Això vol dir entrenar un cop per setmana i campionat el divendres. Com que teníem un patrocinador, una naviliera, això no ens va costar massa. Al voltant de 1982, 7 homes i dones van navegar amb aquesta companyia en un vaixell de 10 persones de Split a Dubrovnik a l'estiu. Cada dia d'aquella setmana anàvem a una illa, vam fer una pausa i després vam continuar. Va ser una experiència meravellosa

Casa de cap de setmana d'agost de 1972

Després que el canvi de carrera del meu pare l'any 1969 tingués èxit en termes d'estalvi, van poder estalviar-se força diners. Ara els meus pares van anar a buscar una petita casa de cap de setmana a la Baixa Àustria. Van trobar el que buscaven al sud de la conca de Viena en un municipi d'uns 10.000 habitants. La primera visió va semblar als meus pares una ganga, però no s'imaginaven què venia després. Per a mi, de 12 anys, va ser, és clar, un plaer, perquè a la finca hi havia molts arbres fruiters i arbustos que em van deixar cremar després de serrar, perquè també es pogués veure l'edifici de l'any 1930. Recordo que al cap d'una estona la crema va molestar una mica als veïns, en aquell moment això encara estava permès. Però sí, érem "viesos" que vam venir a la Baixa Àustria per expandir-se. Doncs es van eliminar els arbres i arbustos i es podia veure la casa. Tenia l'inconvenient que feia anys que no s'utilitzava i, per tant, es trobava en un estat desolat amb terra i golfes. Quan ho vaig haver cremat tot, vaig agafar la meva bicicleta i vaig explorar la zona amb les muntanyes que li pertanyien i vaig haver de passar per davant d'un assentament obrer una vegada i una altra. Un dia, un noi que estava allà em va preguntar si podia baixar de la bicicleta i seure amb ell. Vaig fer el que m'havia demanat i em vaig asseure amb ell. Després van venir més nois i es va desenvolupar una conversa interessant. A partir d'aquesta trobada es va desenvolupar una amistat durant almenys deu anys i cada cap de setmana vam fer alguna cosa diferent. Només amb el pas dels anys es van incorporar els socis, cadascun d'aquests amics es va traslladar a un altre lloc de la Baixa Àustria i les amistats es van dissoldre.

Casa després de reforma

1972 primer petó

Com que els meus pares sempre volien anar de vacances a l'estiu, van demanar a l'església evangèlica de Viena que tota la família tingués la mateixa fe. Això va donar lloc a vacances amb tota la família a Estiria. No érem l'única família que hi havia, érem unes 50 persones. Vam fer cada dia amb totes les excursions i caminades que sempre van ser agradables. Un dia, vam tornar d'una excursió una mica abans, l'Àngela em va parlar, era aproximadament un any més jove que jo. Va dir que havia descobert un niu de vespa a les golfes de la casa on vivíem i que tenia por de tornar-lo a mirar sola, si havia de venir amb tu. Bé, per què no, no pot passar res. Quan ens vam quedar davant d'aquest niu, de sobte es va girar i em va fer un petó als llavis. Em vaig horroritzar, només la meva mare tenia permís per fer-ho i ningú més ho podia fer. Però ho vaig guardar per a mi de totes maneres.

Venda d'hivern 1975

Com que el meu germà volia guanyar alguna cosa a més del sou com a empleat de banc, va anar d'un restaurant a un altre del districte 10 i hi va vendre el diari més gran. Però com que érem un sol cor i una ànima fins que ell tenia uns 20 anys, va dir que podia vendre diaris i comprar els meus diners de butxaca. Per fer-ho, estava parat en una zona de vianants del districte 10 amb una jaqueta groga i elogiant els meus diaris. Després vam fer els comptes dels 10 a 15 diaris del vespre. No era gaire rendible, però, com he dit, em van augmentar els diners de butxaca.

Setembre 1977 aprenentatge

El meu pare coneixia el responsable de recursos humans d'un gran majorista i productor de queviures del districte 16, que era molt conegut aleshores, i per això vaig començar un aprenentatge com a oficinista. El primer que vaig fer va ser treballar en comptabilitat majorista. Hi vaig trobar quatre homes de 50 anys o més. El cap de departament per a això era un signant autoritzat. Però com que acabava de sortir de l'internat abans, vaig gaudir de la llibertat recuperada. Això es va manifestar en el fet que no era tan estricte a l'hora de dormir una nit en el meu temps lliure. Això vol dir que ara que tenia un amic a Viena que es deia Ernst, sortim gairebé tots els vespres al vespre. Per descomptat, tornar a casa era tard. Així que el meu rendiment laboral l'endemà va ser en conseqüència. El director general, a qui estava assegut amb l'esquena, picava la taula una vegada i una altra amb el bolígraf perquè pogués seguir treballant. Amb el temps, però, la feina d'afegir només de 100 a 200 albarans en un dia sencer es va fer massa avorrit per a mi i per això vaig decidir parlar amb el meu cap per saber si em podia traslladar a un altre departament del grup. La meva petició va ser acceptada i em van traslladar al departament de te. Allà vaig conèixer un jove despatxador i el seu cap era un signatari autoritzat. Aquí no vaig aprendre massa sobre l'oficinista, però l'antic gerent em va ensenyar moltes coses sobre el te. Així que vaig haver d'organitzar el tast de te cada matí, que passava per un ritual molt especial: així que vaig començar instal·lant almenys 10 bols d'aigua calenta i després només vaig deixar que s'afegís exactament 2 grams de te. Llavors el senyor va passar i va prendre un glop de cada bol, guardant-lo a la boca i deixant-lo córrer per les seves papil·les gustatives. Amb aquesta manipulació va poder determinar la qualitat d'aquest te i després es va demanar la quantitat corresponent. En el decurs de la meva feina en aquest departament, s'hi va afegir un sistema automàtic per a la producció de bosses de te, que em va fascinar molt, perquè per una banda el te lliurat era en caixes grans i al final les 20-25 bosses de te acabades. va sortir carregat. Però com que el que podia aprendre era limitat, vaig voler tornar a un nou departament i així vaig arribar al departament de productes frescos quan tenia uns 18 anys. A partir d'aquí s'elaboraven diàriament els lliuraments de fruita i verdura de les 250 oficines. Per fer-ho, les botigues individuals havien de rebre comandes per telèfon cada dia, és clar. Com que ja havia arribat a l'edat en què em permetia fer hores extraordinàries segons la

Llei de protecció de la joventut, em vaig apuntar als oficis dominicals, que es premiaven en conseqüència. Els meus companys tenien pràcticament la meva edat, així que aviat es van formar amistats. Així que de tant en tant anàvem a prendre una copa després de la feina del diumenge, fins que algú va dir que portava alguna cosa amb ell que només es podia consumir a les habitacions tancades. Ingenu com era aleshores, vam entrar a un apartament i ens vam asseure a terra per manca de seients. De cop l'esmentat company va treure un cigarret de la butxaca, el va encendre i el va passar. Sense sospitar, jo, com els altres, vaig atreure aquest suposat cigarret. Aleshores, quan es va fumar, em van informar que es tractava d'un conjunt. El meu resum era bo, la meva credulitat i sobretot, no havia sentit res, així que l'assumpte estava resolt per mi i no vaig tornar a tocar res així.

<u>Setembre 1978 Primer pis</u>

Després que el meu germà va dir amb uns 21 anys que ja no tindria dona i que ja tenia el seu propi pis, vaig aconseguir el petit apartament d'uns 35 metres quadrats a la mateixa casa on vivien els meus pares a

Viena. En aquest moment, però, també va començar on vaig haver de lluitar durant uns 30 anys. D'una banda, vaig tenir uns amics durant el cap de setmana a la Baixa Àustria i un amic a Viena. Amb aquest últim vaig sortir pràcticament cada dia durant la setmana, i així va passar que no fèiem gaires coses diferents. Després vam anar sobretot a bars on es podia jugar a cartes. Però com que això es va fer una mica avorrit amb el temps, vam decidir jugar per diners. Però això tampoc no va complir, així que vam veure màquines en màquines locals on podies inserir diners i guanyar. En aquella època se'ls deia bandolers d'un sol braç que es podien trobar per tota Àustria. Sí, al principi sempre hi havia beneficis més petits o més grans, però amb el pas del temps va ser, per descomptat, un dèficit. Sobretot, vaig descobrir que aquests dispositius també estaven disponibles a la Baixa Àustria. I així va començar la meva addicció, certament no de seguida, però amb el pas del temps havia traspassat una línia de la qual no sabia.

Maig de 1978 daltonisme

En aquella època vaig haver d'anar a les Forces Armades austríaques per a la seva redacció. En aquell moment no tenia cap queixa de salut, però aleshores em van presentar una targeta amb punts de diferents colors i em van demanar que en llegeixi un número i una lletra. Però no ho podria fer, encara que mirés els mapes des de diferents angles. En altres paraules, es va trobar que soc daltònic, és a dir, cec-verd-roig. Tanmateix, la Comissió ha determinat que jo estaria plenament qualificat. Mig any després volia treure'm el carnet de conduir de moto i cotxe amb el meu pare. Per fer-ho, però, també vaig haver de suportar una prova. Entre altres coses, em van obsequiar una altra targeta de color de la qual no vaig poder tornar a llegir res. Llavors em van dir que m'hauria de sotmetre a més exàmens, inclosa una prova de reacció al patronat respectiu i una prova psicològica al districte 3. Aquesta prova psicològica tenia unes 20 pàgines i era tediosa d'omplir perquè no la vaig fer. sentit d'això. El meu argument, que també vaig expressar, era que estic plenament qualificat i no em permeten tenir el carnet de conduir, doncs només et dispararé perquè no em puc decidir entre el vermell i el verd. Pel que jo sé, només el vermell del semàfor està sempre al mateix lloc. Finalment vaig aconseguir el carnet de conduir almenys d'un cotxe, vaig renunciar al de motos, tot i que tenia 2 ciclomotors quan tenia 16 i 17 anys, i mai vaig tenir cap accident amb ells.

Octubre de 1980 Exèrcit Federal

A principis d'octubre vaig fer el servei militar amb les Forces Armades austríaques a la caserna de Martinek (pensió?). Les primeres sis setmanes van ser un entrenament bàsic i també esgotador. Quan era el meu aniversari a principis de desembre, estava de guàrdia, de totes les coses, i això en un dia festiu. Això vol dir que la guàrdia de servei havia donat a unes 15 persones 20 cartutxos de munició real per cadascuna. Ara m'havia d'asseure a taula i esperar que arribés una ordre, digues que passejava per la caserna. No sé com, però de cop hi havia una ampolla de 2 litres amb vi blanc a la taula i els meus companys em van animar pel meu aniversari. Sí, però malauradament no va ser l'única ampolla que vam consumir. Això vol dir que durant la següent ronda de controls a la zona dels barracons el camí es va anar fent cada cop més estret i al final vaig haver de descarregar el meu rifle amb 20 cartutxos de munició real a les espitlleres. Jo mateix no ho havia aconseguit, un company em va ajudar. Tot va romandre impune llevat d'un informe preceptiu amb la següent amonestació. Després de les primeres sis setmanes, em van assignar a l'oficina de premsa. Aquest major hi era al matí, però després va sortir de l'oficina i va tornar una hora abans d'acabar la feina. La meva feina allà era buscar informes sobre el sobirà als diferents diaris. No va ser una tasca que requeria molt de temps, es va completar amb força rapidesa. Així que vaig poder posar-me al dia del que tenia molt poc durant la nit, és a dir, dormir. Quan em vaig mudar a l'octubre, pesava 65 quilos dividits sobre la meva longitud. A la zona de la caserna vaig conèixer el vi de Baden perquè no l'havia conegut abans. Quan em vaig desarmar al cap de 8 mesos no pesava 65, sinó 72 quilos, que no havia superat fins avui.

Setembre 1980 professió

Havia acabat amb èxit el meu aprenentatge com a empleat d'oficina, el servei militar amb menys èxit, i per això vaig pensar com continuar. Ara em vaig interessar pels cursos nocturns i vaig començar un curs de comptable, que aviat em va resultar equivocat. Així que vaig descobrir que els ordinadors tenien futur i del 1980 al 1981 vaig fer cursos de programació a WIFI Viena, que anaven cada vespre de 18 a 22 hores. Això ho vaig completar amb exàmens almenys a Pascal, a Cobol no vaig aprovar. Amb els certificats volia dir que tenia més oportunitats al mercat de treball i a finals d'agost de 1981 vaig deixar la meva feina al majorista de queviures. De seguida vaig tornar a tenir feina com a empleat d'oficina en una empresa que fabricava canonades i caixes d'interruptor, que es trobava al districte 5. Al cap d'un any aproximadament ens vam traslladar al districte 11, on també hi havia la fàbrica d'aquesta empresa. Allà tenia un graduat en negocis gran i simpàtic que havia intentat una i altra vegada inspirar-me. Però quan es va jubilar, una dona enginyera va venir com a successora. Aquest tenia l'objectiu d'estalviar i així va ser que em van acomiadar després de dos anys i nou mesos. En aquell moment encara hi havia indemnitzacions per acomiadament amb almenys dos sous, però només després de tres anys a l'empresa. Així que vaig haver de buscar una feina nova i me'n vaig assabentar als diaris. Llavors vaig trobar una feina on es feia la preselecció en un institut psicològic de prova. Així que vaig venir a aquest institut a principis de maig de 1984 i em van presentar un paquet de 20 pàgines de proves per omplir. Després de fer unes quantes entrades en aquest paper, vaig pensar que ja havia agafat aquests fulls de paper a la mà. I així va ser, anys abans vaig haver de fer la mateixa prova per treure el carnet de conduir i aquell dia per demanar feina. Sona una mica estrany. Després d'avaluar la meva informació, em van demanar una entrevista al districte 8è. El requisit previ per a aquesta posició era que només fos un substitut de permís parental d'un any. Allà vaig haver de comptar amb els becaris que treballaven al centre de recerca de la Baixa Àustria i també tenir cura de la llibreta bancària. Però com que tot era un repte massa petit per a mi, em vaig apuntar a més tasques. Aquests inclouen finances, pressupost i comptabilitat d'actius. Els llenguatges informàtics que havia après, que havia adquirit anys abans, no es van utilitzar perquè això ho va impedir el "programador" existent. Així que va acabar el primer any de baixa per maternitat i el meu cap d'aleshores, amb qui ara tenia una pedra a la junta, va ampliar el meu contracte sense dubtar-ho. Però com que l'oficina del districte 8 va estar tancada aproximadament un any després d'incorporar-nos a aquesta empresa (semipública), vam haver de traslladar-nos a la Baixa Àustria. Vam tenir l'oportunitat d'utilitzar l'autobús de l'empresa des de Viena. Però la feina no va començar fins a les 8:30 del matí i ja era massa tard per a mi. Així que vaig parlar amb un company que conduiríem a treballar junts amb el meu segon cotxe. En fer-ho, va contribuir a les despeses de viatge. Això vol dir aixecar-se del llit cada dia laborable a les 6 del matí, conduir 35 km i tornar 35 km al vespre, sigui quin sigui el temps. Però com que vaig valorar aquest treball a la Baixa Àustria, ho vaig acceptar. El temps que hi vaig passar no va ser només professional, sinó personalment la feina rica en experiència que vaig tenir a la meva vida, sobretot perquè n'havia après molt. En comptabilitat, així es deia el departament on treballava, hi havia unes 15 dones i només 2 homes, la qual cosa inicialment em va afectar menys. Amb els anys, però, vaig fer amistat amb un company que treballava a dues habitacions de distància. Era uns 2 anys més jove i força intel·ligent, vivia a prop de la seva feina amb els seus pares en una casa bifamiliar. Com havia d'arribar, va ser, l'amistat es va fer més. La major part del temps em vaig quedar a casa seva, però vaig tornar al meu apartament de Viena. Llavors un dia em va dir que estava embarassada de mi. Aleshores tenia uns 26 anys i ell va veure com el meu deure proposar-la perquè ella va acceptar. Ja buscàvem una església o una oficina de registre i més o menys vam posar data per al casament. A l'empresa, és clar, es rumorejava en secret que estava passant alguna cosa que no m'agradava gaire. Tanmateix, com que per part d'ella només era la declaració de l'embaràs i no vaig poder veure ni sentir res més al llarg dels mesos, em vaig tornar escèptica si això seria cert. Ara, a més, la "pressió" dels companys es feia cada cop més gran. Així que a finals de 1987 vaig decidir deixar el meu càrrec després de tres anys i mig i deixar-la prevaldre a l'empresa perquè les seves qualificacions eren inferiors a les meves. Això sí, tampoc no hi va haver liquidació de dos sous, ja que m'havia resignat. Vaig comprovar el suposat embaràs de la meva xicota en aquell moment un temps després, però probablement mai no va estar embarassada. Em sap greu aquesta posició perquè havia après molt, encara que les condicions no sempre eren les millors.

Gener 1988 empleat pel pare

Com que aquest any el meu pare tenia 58 anys, vaig decidir començar a treballar amb ell com a dependent d'oficina, és a dir, jo era més o menys autònom en aquest moment, perquè un pare no pot fer massa pel seu fill. Com que tenia la comptabilitat a l'escola professional, vam decidir que faríem la comptabilitat nosaltres mateixos. El nostre assessor fiscal només tenia la tasca d'elaborar la declaració o balanç corresponent i presentar-lo a l'oficina d'Hisenda. L'any 1989, aquest assessor fiscal va dir que una quantitat de 0,25 S al balanç era només una quantitat de Mickey Mouse i, per tant, era irrellevant. Així doncs, vam rescindir el nostre contracte amb ell i durant els anys següents vaig preparar jo mateix la declaració de la renda i el balanç resultant, l'únic inconvenient era, és clar, que no tenia experiència en aquest sentit. Així que l'any següent vaig rebre una carta de l'oficina tributària responsable. Quan el vaig obrir, vaig llegir una estipulació d'1,5 milions de xílings en mora. Afortunadament, estava assegut quan vaig obrir aquesta carta. Vaig cometre un error de comes en omplir el formulari corresponent. Després d'unes 4 o 5 cites, ho vaig corregir. Durant aquest temps vaig tenir uns 100 colporteurs (clients) que havia de lliurar cada dia, molt pocs tenien temps per venir al nostre local comercial del districte 20. Per explicar un colportor era una persona que venia diaris al vespre o al matí amb jaquetes de colors a places, estacions de tren i carrers. Per a mi, sempre es van considerar comerciants independents. Això vol dir que em compraven revistes, és a dir, impreses periòdiques, amb un descompte determinat i després les venien a un preu fix de final de venda que s'especifica a cada producte. El desavantatge d'aquesta indústria és que hi ha un dret de retorn del 100 per cent. Si un client em comprava 10 peces d'una revista i només en venia 5, podia tornar-me les 5 peces restants quan la revista era nova i després es compensaven. Per descomptat, també tenia el dret amb els meus proveïdors, com ara majoristes i editorials. Tot s'associava, per descomptat, a un temps enorme i, sobretot, a un control precís de les respectives factures. Així, una setmana de 50 a 60 hores no va ser l'excepció, sinó la regla.

Setembre de 1992 per compte propi

El meu pare ja tenia 62 anys aquest any i li vaig haver de fer molts arguments que finalment havia començat la seva jubilació després de 47 anys de cotització. No li hauria aconseguit gaire econòmicament. Així que em vaig fer càrrec d'aquest majorista de revistes amb dues llicències comercials, aleshores no hi havia cap altre camí. Significa dues pertinences a la divisió de cambra i, en conseqüència, dues quotes per aquesta. Llavors dos o tres anys més tard va aparèixer un competidor. Aquest Sr. Robin va tenir l'oportunitat de crear el seu propi colportage des d'un diari més petit. És a dir, va proporcionar jaquetes i diaris a diverses persones estrangeres i va distribuir aquesta gent per tota Viena. Amb el temps, però, em vaig assabentar que aquest home no donava les places gratuïtes a la gent, sinó que exigia a cada individu un dipòsit en xilings de 5 a 6 dígits i això fins i tot abans que se li assignés una plaça. Com que, pel que jo sàpiga, això només s'havia escrit molt poc per escrit, ja sospitava en aquest moment que això sortiria malament en algun moment. Com que això no em preocupava gaire, el vaig deixar governar. Llavors un dia es va acostar a mi i em va dir que podríem fer contraacords, cosa que no tenia cap objecció. Vaig rebre revistes d'algunes editorials vieneses en bones condicions i amb ell no era gaire diferent. Això va anar bé durant un temps, ell em va lliurar, jo a ell i es va compensar. Però un dia, no va ser una gran quantitat d'aconseguir, el telèfon va sonar i Robin estava en línia. Em va dir que encara li devia alguna cosa i que ho volia reclamar. Això em va posar tan furiosa que vaig dir que vaig renunciar a la meva sol·licitud i que no volia saber més d'ell. Sí, bé, aquest era només el meu desig. Va contractar cada cop més àrabs, pakistanesos i indis i finalment va anar als meus dos principals proveïdors. El rerefons d'això és que quan vaig començar a treballar al negoci a l'engròs de revistes, vaig parlar amb aquests dos proveïdors per obtenir el 4,9% més de descompte. Això vol dir que en lloc del 28,2% el més alt amb un 33,1% brut. La meva sol·licitud va romandre sense resposta fins i tot quan vaig conduir a l'oficina central d'un proveïdor a Salzburg, llavors havia aconseguit l'augment de descompte uns 10 anys més tard. El Sr. Robin va anar a aquests dos proveïdors amb el que sigui i immediatament va tenir el descompte més gran, quina connexió era clara per a mi, però no li donaré aquesta.

Local comercial al districte 20 amb pare

Novembre de 1988

Ara tenia 28 anys, els meus amics de la Baixa Àustria s'havien separat per tot l'estat federal, en part per motius professionals i en part per motius d'associació, així que estava sol. Un cop més va ser un dissabte tan insípid i aleshores se'm va ocórrer la idea que hi vivien dues noies a 30 quilòmetres de distància, que ja coneixia des de la meva infantesa quan estiuejava amb el meu germà i la meva mare a la Baixa Àustria. Així que vaig pujar al meu cotxe i vaig conduir fins a aquest poble de 800 habitants. Vaig trobar no només dues noies, sinó 3. L'amiga de la dona gran estava de visita. Al cap d'una estona vaig fer la proposta d'anar a ballar. L'amiga va dir que estava cansada i havia d'anar a casa amb el seu marit. Així que em quedaven les dues i després d'una estona de maquillatge i estilisme, havia arribat el moment. Vam conduir el meu cotxe uns 60 quilòmetres fins al barri veí, hi havia molt poc a la zona en aquest sentit. Doncs ara estava asseguda allà a la discoteca amb dues noies, una de cinc anys més jove i no necessàriament bonica, i l'altra, un any més gran i bastant "vestida". Ara no tenia més remei que alternar entre ballar amb un i després amb l'altre, i això per a mi, quan era un ballarí tan talentós. Durant el vespre, ja passava la mitjanit, el 13 de novembre, mentre m'asseia a taula, em vaig adonar que un genoll no parava de topar amb el meu i després es quedava. Crec que els següents balls van completar l'acostament dels més grans i va arribar com havia de venir. Va ser meravellós. Aleshores això va durar 20 anys.

Tardor 1995

Com que el meu competidor era cada cop més agressiu pel que fa a la venda de diaris i revistes, i va recórrer a descomptes més alts per als seus colportors, també vaig haver de reaccionar. Afortunadament, en aquella època tenia unes quantes editorials austríaques que podia viure, perquè almenys en aquell moment no hi havia res a fer amb els esmentats majoristes. Això s'expressava en el fet que només podia vendre la meva mercaderia d'amagat, perquè cada vegada que venia als meus clients -i ho són des de fa anys- sempre hi havia un àrab que podia ser destinat a l'empresa Robin, amb el meu comprador i així va impedir la meva venda. Així que vaig haver de posar les meves revistes a la venda de manera indirecta, perquè el comprador de la meva mercaderia hauria patit desavantatges econòmics si se'ls veiessin comprant-me. Però com que l'intel·lecte d'aquests òrgans de supervisió no era necessàriament el més alt, vaig continuar pujant els meus béns, fins i tot amb dificultats. Aleshores vaig poder augmentar enormement les vendes (uns 600.000 Schilling en total de balanç) i el nombre de revistes enormement, de manera que el meu principal proveïdor va arribar a mi en un gran camió al districte 20, on m'havia fet càrrec del local comercial del meu pare. . Sovint hi havia 2 palets de mercaderies amb 10.000 revistes. En aquella època havia pujat fins ara, segurament per motius de competició, que la setmana anava de dilluns a diumenge. La meva companya Britta, des de l'any 1988, s'havia queixat amb raó d'això i vaig haver de canviar-ho, així que almenys em vaig prendre el cap de setmana lliure. Però com que soc una mica gruixut i faré el que em proposo. Així que va resultar com havia de fer-ho, el febrer de 1998 vaig veure per casualitat que un dels dos principals proveïdors havia deixat de lliurar a l'empresa Robin. Uns dies després vaig poder establir oficialment que l'empresa de Robin estava en fallida. La suma de la fallida era de 35 milions d'ATS. Aquesta quantitat, sens dubte, només incloïa una petita part dels dipòsits que el Sr. Robin i els seus empleats van agafar als colportors. Es rumorejava que havia robat uns 15 milions de xílings dels seus 100 a 200 colportors. També vaig saber que després de la fallida, aquest home només es va atrevir a sortir al carrer amb guardaespatlles, segurament pels dipòsits retinguts. A causa de la fallida, de sobte estaven disposats a fer-me el descompte més gran de 33,1 bruts. Sí, però aleshores ja era massa tard.

Vacances de juliol de 1998

Després d'anar-me'n de vacances mai no m'ha agradat, encara vaig tenir unes vacances de dues setmanes a Creta, que fins ara eren probablement les més boniques de la meva vida. També hi va haver algunes experiències que em van quedar en la memòria: Nosaltres, la meva parella Britta i jo, havíem agafat en préstec un ciclomotor. L'únic estúpid va ser que era un semiautomàtic. És a dir, tots dos estàvem asseguts en aquest vehicle i sembla que vaig deixar l'embragatge massa ràpid i així la meva parella estava asseguda a terra. Bé, sí, a mig camí del primer obstacle. El propietari ens va dir que només se'ns permetia circular a menys de 50 quilòmetres. Ho vam sentir i vam començar el nostre viatge. Però com que aquesta illa té l'inconvenient que, a diferència de nosaltres, calia pujar i baixar amb cotxe per totes les muntanyes, així que nosaltres també ho vam fer i els 50 quilòmetres es van oblidar. Al cim de la muntanya vam fer un descans i ens vam asseure a l'herba. Aleshores la Britta va dir de sobte que havia vist alguna cosa taronja a l'arbreda propera. De moment ens vam enfilar per sota de la tanca i vam trobar una taronja que semblava passar per alt durant la collita. Per descomptat, els vam escollir de seguida. Quan el vam pelar, ens va entrar al nas una olor increïblement forta i, sobretot, el gaudi d'aquesta fruita va ser indescriptible. Després vam continuar, perquè teníem moltes ganes d'anar a la muntanya veïna a un monestir. Ara era migdia i el sol batejava amb força. El camí no estava asfaltat, era un camí de grava. Tot i això, vam continuar el nostre viatge. De sobte em vaig adonar que el ciclomotor ja no reaccionava com jo volia. Teníem un "pis". No hi havia res de lluny. Així que vam haver d'empènyer el vehicle amb la màxima calor fins a la següent benzinera, que es trobava amb seguretat a 5 quilòmetres. No li havíem explicat res al propietari del que ens va passar, però va ser una experiència per a tots dos. Uns dies després l'hotel on ens allotjàvem feia un safari en jeep. Pel que recordo, hi havia almenys 10 jeeps plens de menjar i vam creuar l'illa de nord a sud i d'est a oest fins que vam arribar a Elafonisi (les Maldives de Creta). Sí, teníem prou menjar, des de carn fins a amanida, però el que faltava era la coberteria. Així que les dones van anar al mar, es van rentar les mans i van preparar les amanides amb les seves mans. En qualsevol cas, tenia un bon gust. Un any més tard, de nou al juliol, vam anar de vacances a Lanzarote. Allà no ens va agradar massa, ja que tota la zona ens va semblar molt estèril, tampoc vam poder anar a banyar-nos al mar, l'aigua estava molt freda (oceà Atlàntic). I de nou un any més tard del juliol del 2000 ens vam allotjar uns dies en una casa d'hostes d'Estírica, des d'on vam fer algunes excursions. Des d'aleshores gairebé no he tingut vacances, excepte el 2017 a Itàlia en uns dies amb autobús, que és clar que va ser més esgotador que agafar l'avió.

Agost 2000

Quan vam tornar de les nostres vacances a Àustria (3 dies - viatge a Àustria) el juliol de 2000, la Britta em va dir que tenia dolor abdominal i que ja tenia una cita amb el ginecòleg per això. Després d'aquesta cita, em va trucar immediatament: per descomptat estava preocupada i em va dir: Quina bona cosa. Què havia de ser això? Ella va dir que seré pare. Em va sorprendre, però tots dos vam donar per fet que hi seríem per aquest nen. El tema de l'avortament no es va plantejar mai, i era bo, almenys quan ho vaig saber. La data de venciment es va fixar a principis de març de 2001. El 24 de febrer de 2001, un dissabte, la Britta em va despertar al matí i em va dir que havia arribat el moment. Per a la meva feina, tenia una furgoneta que s'estava pujant en anys. També va nevar força el dia abans. Així que vam conduir uns 50 quilòmetres fins a l'hospital sense escalfador al cotxe, perquè no funcionava. Quan van arribar a l'hospital, es van adonar que trigaria una estona. Així que només vam anar a passejar per la neu al complex. Al vespre la vaig deixar amb la petició que m'informés, independentment de l'hora del dia, si venia. No va rebre cap trucada, així que vaig anar a l'hospital a les 8 a.m. el carnaval. Quan vaig obrir la porta de la seva habitació, em va saludar amb la paraula: Sorpresa! Un moment després la porta es va obrir de nou i una infermera em va portar el meu fill. El que recordaré per sempre va ser el moment en què el vaig tenir a les mans per primera vegada. Indescriptible.

El meu fill amb 10 mesos

1990 - 1991 apartament

Fins aleshores vivia al petit pis que tenia quan tenia 18 anys. Però com que la direcció de la propietat i el propietari de l'edifici d'apartaments volien una renovació general de la casa, vaig haver de baixar un pis a un apartament una mica més gran. El meu pis es va fusionar amb l'apartament veí amb la promesa de tornar a traslladar-me a l'apartament de 70 metres quadrats un cop acabada l'obra. Això també es va observar i l'any 1991 em vaig mudar a aquest apartament. Però com que la meva addicció va anar empitjorant amb el pas dels anys, cosa que en aquell moment no sabia, em vaig quedar endarrerida amb el pagament del lloguer. Així que es va produir, com havia d'arribar, una demanda de desnonament. La Britta i jo buscàvem un apartament. Va trobar el que buscava en un anunci d'un diari. Un dúplex al 2n districte amb un lloguer d'uns 10.000 xílings. Vaig assenyalar que no m'ho podia permetre, però no necessàriament va ser acceptat. Per tant, vaig tornar el pis del districte 20 sense avís de desnonament i em vaig traslladar al districte 2. Però com que la meva passió pel joc no havia millorat, sinó que empitjorava, aviat em vaig trobar amb el mateix resultat que al districte 20. Així que vaig buscar jo mateix un Garcionerre al districte 20 que em pogués pagar.

1980 – addicció

Tot va començar petit, va tirar uns quants xílings a una màquina i potser va guanyar alguna cosa una vegada, però ho vaig tirar directament a aquesta galleda, perquè el gran benefici està arribant. Vaig trigar uns 15 anys a adonar-me que era addicte al joc. La meva parella Britta em va animar a fer teràpia, però també vaig haver d'admetre que n'era addicte. Així que vaig buscar ajuda a Jugadors Anònims. Hi havia teràpies grupals un cop a la setmana i teràpies individuals per concertació. La teràpia individual em va provocar una crisi nerviosa perquè mai abans havia viscut res semblant, sobretot perquè el terapeuta havia anat molt a fons. La teràpia grupal no necessàriament va tenir èxit perquè vaig pujar al cotxe després de la sessió i vaig tornar a acabar en un arcade. Així que no vaig veure cap sentit en aquesta teràpia. Pel que sembla, vaig haver de fer més en aquest sentit. La Britta em va preguntar sobre el progrés amb aquesta teràpia o si havia deixat de jugar. Això li contesto amb "sí", que hauria deixat de jugar.

Pel que jo sé, aquella va ser l'única vegada en 20 anys d'associació en què li havia mentit. Però també tenia el costum d'evitar amb habilitat qüestions sensibles, especialment les de caràcter financer. Així que en aquell moment no vaig veure cap sortida i els pensaments de suïcidi es van acostar cada cop més.

Fallida de juny de 2001

El 15 de febrer de 2001, deu dies abans del naixement del meu fill, vaig tenir una negociació de fallida. Això va ser precedit de presentar la meva pròpia iniciativa o la meva comprensió comercial. D'això n'he parlat amb el jutge i hem pogut aconseguir una taxa de compensació al voltant del 13,84% que podíem oferir als creditors. En aquesta vista al Tribunal Mercantil de Viena hi van assistir dos representants de creditors d'uns 20 creditors. La quota oferta no va ser acceptada tant pels advocats de l'associació de protecció de crèdits com per AKV. A mitjans de juny de 2001, les autoritats municipals del districte 20 em van demanar que em retornés les dues llicències comercials que tenia des de feia quasi 9 anys. El motiu d'això va ser que havia acumulat una mica de deute amb el pas del temps. Vaig fer això i després em vaig registrar com a aturat. El meu pare, que aleshores estava jubilat, va tornar a comprar la seva llicència comercial per a la venda a l'engròs de la revista. I així van continuar els negocis, però això no em va impedir jugar i, sobretot, fer-hi alguna cosa.

<u>2000 magistrat / finances</u>

Al voltant del canvi de mil·lenni, els meus clients no paraven de venir a mi i demanant-me la confirmació dels seus ingressos. És a dir, les respectives oficines requereixen el corresponent justificant d'ingressos a l'hora de prorrogar o tornar a presentar el permís de residència. S'esperava oficialment que una persona que vivia a Àustria tingués uns ingressos mínims de 700 €. Per a mi va ser fàcil de determinar perquè hi havia un descompte fix i un preu al detall. Així que us les vaig escriure si l'import era suficient i vau rebre el vostre paper corresponent del magistrat. Cap dia havia rebut diners per l'emissió d'aquest paper, almenys fins al 2006. Per a mi, aquestes persones també eren comerciants independents i també havien de transferir l'import que havia escrit al canal d'avaluació. Si realment ho van practicar està més enllà del meu coneixement. Però també ho vaig definir als papers exposats.

Març de 2006 mort del meu pare

El 25 de febrer de 2006 ens van venir els meus pares, la Britta, el meu fill Gregor i jo a la Baixa Àustria. La meva parella la va convidar per al 5è aniversari del meu fill. Després de retirar-se l'any 1992, el meu pare va engreixar unes deu lliures. No era gros, però va gaudir del menjar al màxim. Per descomptat, el meu fill ja ho havia descobert quan tenia 5 anys, així que va bombardejar el meu pare amb pastissos al berenar. L'avi agafa el pastís, sé que a tu també t'agrada picar. Un quart d'hora després va venir amb un bunyol i l'avi el va agafar i va menjar. L'endemà al matí a la botiga cap a les 7 en punt el meu pare ja hi era, com de costum. Vam pujar al cotxe i vam anar a un client. Durant el trajecte, em va dir que aquella nit havia dormit tan malament. A més, s'aixecava cada mitja hora per anar al lavabo amb el corresponent dolor al pit. Quan vam tornar al negoci una hora més tard, li vaig demanar urgentment que anés al nostre metge del mateix carrer per fer una ullada. Bé, sí, era hivern el 26 de febrer de 2006 i el meu pare va anar al metge amb molta reticència només amb el jersei. Al cap d'una hora em va sonar el telèfon i va ser el seu torn. Li hauria de portar una jaqueta a l'internista del carrer, perquè el metge de família l'hauria enviat immediatament a l'internista amb la sospita d'un infart. Aquesta metgessa no es va permetre portar-hi per fer un diagnòstic i de seguida va trucar a l'ambulància per portar-los a un centre hospitalari. En arribar a l'hospital es va confirmar la sospita que els dos metges sospitaven. Allà va ser controlat durant 11 dies i alliberat el 10 de març, un divendres. El 13 de març al matí, com sempre, vaig entrar a la botiga cap a les 7 del matí i el meu pare ja hi era. Com que el primer que vaig fer al matí va ser posar un cafè, també ho vaig fer aquell dia. Mentrestant, em vaig adonar que el meu pare anava al lavabo del passadís. Com de costum, vaig preparar un cafè per a la meva mare al primer pis de la mateixa casa i vaig anar a la part posterior de la botiga a l'escala. Em vaig adonar que la llum estava encesa al lavabo del nostre passadís (vidre opac) i sabia que només podia ser el meu pare, però havien passat de 10 a 15 minuts quan el vaig veure per última vegada. Després vaig anar a l'apartament dels meus pares i vaig parlar amb ella una estona. Quan vaig tornar al lavabo, el llum encara estava encès i vaig entrar a la botiga, però no hi havia ningú. Així que vaig tornar al lavabo i vaig trucar a la finestra, però no hi va haver cap reacció. Mentrestant, la veïna que vivia al costat havia sortit del seu pis. Però com que no hi va haver cap reacció al vàter, no vaig tenir més remei que trencar la finestra de la porta amb el colze. Aleshores el va veure assegut recolzat a la paret i amb sang del nas. El veí va trucar immediatament a l'ambulància i també em va portar roba per al terra del passadís perquè me la pogués posar. El rescat va ser allà amb força rapidesa i van intentar portar-lo de tornada amb un desfibril·lador, però en va. L'ambulància va informar al metge que havia de determinar la mort. Mentrestant també va venir la policia, on un home va estar al costat del mort fins que va venir el metge. Això va arribar després d'unes 3 hores. La primera de les seves preguntes va ser si hi havia alguna troballa recent que, per descomptat, pogués respondre. Quan l'havia mirat, va dir: Amb el còctel no va ser gens sorprenent i morir dilluns a Viena va ser desfavorable, perquè tenim un embús. Si no hagués estat de dol, no hauria estat capaç de controlar-me amb aquestes declaracions. Però el que encara em va tocar va ser que ho havia de dir a la meva mare, que era al seu pis. I el següent problema va ser informar al meu germà, que feia uns 20 anys sense contacte, que el nostre pare havia mort. S'havia barallat amb els seus pares per l'herència a la qual tenia dret. Però va ser allà al cap d'una hora sense cap paraula dolenta. El 24 de març de 2006 el vam fer enterrar al cementiri central de Viena. Aleshores, quan es va baixar el taüt, vaig tenir un esdeveniment decisiu. Vaig heretar molt del meu pare, inclòs el fet que no podem parlar de problemes i que els seguim evitant, ara ja era massa tard.

Març 2006 extorsió

El 14 de març vaig retornar les dues llicències de comerç del meu pare al magistrat responsable del districte 20. Ja coneixia el maneig en aquest sentit. El 20 de març em va sonar el telèfon i el número em va retenir. A l'altre extrem hi havia un home que no em va dir cap nom, tot i que li vaig preguntar diverses vegades al llarg de la conversa. Va dir que hauria de continuar escrivint les confirmacions que he estat escrivint des del canvi de mil·lenni. Quan li vaig preguntar per què havia de fer això, em va explicar les circumstàncies del lloc on va créixer el meu fill que només podries saber si hi eres. Per exemple, quan avui ha anat a la llar d'infants i similars. Això, per descomptat, em va enfadar i el vaig amenaçar. La seva resposta només va ser que després de la trucada anterior m'enviaria un estranger i hauria d'emetre una confirmació. Hauria de cobrar 10 € per un mes i 15 € per diversos mesos, que després pagarien aquestes persones. Al principi em vaig negar, és clar, argumentant que ja no podia escriure això perquè no tenia dret a l'ofici, però amb el temps la informació sobre el meu fill, el que estava fent, es va fer cada cop més real i vaig haver d'assumir que es va quedar a prop de Gregor, cosa que es va demostrar un any després. Al poble d'uns 800 habitants i una superfície de 34 quilòmetres quadrats, els desconeguts criden l'atenció de manera natural, sobretot quan circulen davant d'edificis públics, com una escola o una llar d'infants. Ara tenia l'opció d'anar a la policia i presentar una denúncia, si s'accepta, i la protecció del meu fill se li assignarà durant una setmana o dues, i després he de tremolar si l'home se li acudeix alguna cosa. L'altra opció era que ho fes a la meva manera, cosa que em llegeixo fer independentment de les conseqüències. Així que les trucades arribaven diverses vegades a la setmana amb números suprimits i els estrangers, que només coneixia parcialment, rebien les seves confirmacions contra pagament. Quan vaig preguntar a la gent d'on tenien contacte, no vaig rebre cap informació. Així que vaig decidir seguir aquesta gent, però almenys al principi això no tenia esperança. Mentrestant, ja era la tardor del 2007, el meu fill va anar a primària. Al poble es va observar un home en diversos llocs on es suposava que era un pedòfil, ja que se'l veia repetidament a l'escola o a la llar d'infants. Però això va ser un error, tot estava pensat per a mi. Un divendres després de l'escola, com cada dia d'escola, el meu fill va agafar l'autobús escolar cap a casa. Com que el camí a uns 500 metres des del punt de sortida fins al lloc de residència no era del tot visible, de sobte va sortir un cotxe del carrer lateral, es va aturar a casa del meu fill i es va obrir la porta del passatger. Un home li va parlar i va voler donar-li caramels. El meu fill va reaccionar una vegada i de seguida va córrer cap a la casa on l'havia esperat la meva parella. Va veure el vehicle i també va trucar a la policia, només que fins que van arribar el conductor estava per la muntanya malgrat el carreró sense sortida. Quan el meu fill em va parlar d'això el mateix dia, divendres al vespre, vaig parlar amb la meva parella i li vaig dir que això no era un pedòfil, que m'hauria aplicat a mi, però ella es va quedar amb la versió del pederasta.

<u>13 de desembre de 2006</u>

Era un divendres i una altra vegada un 13. Jo estava assegut a la botiga que tenia dues sortides, una al pati de la casa i una altra al carrer. Vaig escriure als meus programes, com feia molt de temps, i em vaig absorbir en conseqüència. De sobte, van trucar a la porta del pati; havia tancat l'altra porta. Era cap al migdia i suposava que era una festa a casa. Quan vaig obrir la porta, hi havia un home d'uns 190 cm d'alçada amb un aspecte ben cuidat. Es va identificar amb el seu nom i DNI com el "Director Oficial" de l'Oficina Tributària de Viena. Ara va dir, sostenint un paper A4 a la mà, que portava una confirmació a la mà on hi podia trobar el segell de la meva empresa i la meva signatura. També va afirmar que estava imprès per les dues cares. També va demanar si podia entrar, cosa que no vaig negar. Però de seguida vaig haver de refutar les seves afirmacions. D'una banda, no havia donat mai papers que estaven impresos per les dues cares, i d'altra banda, tampoc havia posat un segell en aquestes cartes, que ja estava inclòs al programa que jo mateix els havia escrit. Mai vaig tenir la carta en què es basava aquesta afirmació. Ara va dir si podia mirar al meu ordinador de suport, cosa que no vaig negar. També va voler mirar i fer fotos dels meus extractes bancaris, que tenia al prestatge darrere meu, que no vaig negar, perquè no era conscient de cap culpa. Ara va començar a prendre els seus minuts. Quan va preguntar com es van produir aquestes confirmacions d'ingressos, de quan i per què, va concloure la visita amb la pregunta de què hauria rebut per això, i es referia no només als diners, sinó també als productes naturals. Què li he de respondre ara, perquè mentrestant em vaig adonar que necessitava el seu sentit d'èxit, i en canvi encara tenia el meu xantatge en aquest moment, que em va posar força pressió. Així que vaig respondre a la seva pregunta amb la resposta: no he rebut res a canvi. La seva reacció va ser que no s'ho creia. L'any següent va venir a la meva botiga dues vegades més sense avís previ i va seguir buscant. La darrera vegada em va preguntar si podia portar l'estand PC amb ell a l'oficina d'Hisenda, cosa que vaig respondre afirmativament després d'un temps per pensar-hi. És hora de pensar en el fet que no necessàriament hauria estat beneficiós per a l'ordinador, però per descomptat no tenia res a amagar. El vaig tornar a funcionar en dos dies, però no em va dir si s'havia trobat alguna cosa il·legal o no. Fins aquí tot bé o no. A la tardor del 2007 hi va haver llavors una "invitació" a l'oficina d'Hisenda del districte 22. Allà em va oferir els resultats de la seva inspecció fiscal, com es diu en alemany financer. Ja m'havia indicat que m'hauria d'agrair si no li digués què faria per emetre la declaració de resultats i així ens vam posar d'acord en aquest nom. La seva estimació era que pensava que hauria rebut 100 € per cada confirmació, començant el 1998 i acabant el 2008. És a dir, uns ingressos de 40.000 € i una despesa "d'allotjament" menys el 50 %. Així que als seus ulls havia guanyat 20.000 € any rere any amb aquesta feina, que també es reflectia en el corresponent impost sobre la renda modesta. D'un sol cop, vaig tenir dues reclamacions de l'oficina d'impostos i la companyia d'assegurances mèdiques per un import de 6 dígits, contra les quals vaig respondre immediatament al recurs al senat de finances de llavors com a òrgan superior de les oficines d'Hisenda. , avui, pel que jo sé, és el procurador financer. Tots els nomenaments, i que aleshores eren 9 anys, van ser rebutjats o rebutjats pels despatxos individuals. L'estat o els seus funcionaris tenen la majoria de raó, el ciutadà amb prou feines. El que no m'esperava en aquell moment, però, era el fet que aquest director oficial, no només ho veiés com un delicte econòmic, sinó també com una violació de la llei. Després d'acabar l'examen l'any 2008, va transmetre les dades que havia construït, de les quals mai no va poder aportar proves, al fiscal de Viena amb la finalitat de comprovar la il·legalitat. A més dels meus nomenaments l'any 2008, per als anys 2006 a 2008, quan per fi vaig aconseguir el meu xantatge, vaig fer declaracions de la renda d'aquests 3 anys per un total de 2.500 € d'ingressos procedents de l'elaboració de comptes de resultats, que han no s'ha tingut en compte fins avui. Durant els anys 1998 fins al 2005 inclòs no vaig tenir cap ingesta per aquesta circumstància. Aquesta fiscalia també va reaccionar en forma dels jutjats de districte respectius, on entre el 2009 i el 2011 em van "demanar" que comparegués com a testimoni d'unes 100 citacions. El procés allà sempre va ser el mateix. El tenor bàsic dels meus interrogatoris per part del tribunal respectiu era sempre el mateix. Em van preguntar si havia publicat aquest document i, per descomptat, per què. Sempre hi havia un estranger assegut davant meu que, entre altres coses, va ser acusat pel Departament Municipal 35 d'haver obtingut o comprat un permís de residència amb aquesta confirmació. Em van presentar el paper en què es basava aquest procés i vaig haver de determinar si l'havia emès o no. El 90% eren els meus papers, però també hi havia falsificacions, que és el que afirma el conseller delegat. Els estrangers acusats, que jo coneixia almenys per aparença, tenien, si realment se'ls declarava culpables, de 2 mesos a tres anys, condicionalment, no més. Com ja he comentat, el maig del 2008, finalment, vaig aconseguir el xantatge seguint una vegada més un suposat colportor després que va rebre una confirmació de la meva part. Amb arguments "poderosos" vaig suplicar a aquest home que esborrés el meu número immediatament i que no em tornés a trucar mai més. No tenia gaires esperances, però ell s'hi va mantenir per qualsevol motiu i no el vaig tornar a veure ni a saber res, però també m'havia canviat el número de mòbil. Mai havia pogut esbrinar què en va treure o no. A la primavera de 2010 vaig rebre de sobte una carta certificada del fiscal de Viena - Tribunal Penal de Viena. En ella se'm demanava que comparés com a sospitós a la fiscalia per ser interrogat. Vaig seguir això i em vaig asseure davant del fiscal. Em van acusar d'emetre declaracions de resultats que no s'ajustaven a la llei. Com que aquest home de mitjana edat tenia al davant unes quantes fitxes, les va fullejar i em va preguntar si sabia el nom que hi llegia i, sobretot, com van sorgir aquests papers. Aleshores vaig confirmar les seves preguntes, però li vaig demanar que em mostrés les confirmacions, on vaig tornar a reconèixer un 10% de falsificacions, que també va veure. Pel que recordo, aquest any va estar amb ell per segona vegada. Tot plegat només va ser l'interrogatori d'un acusat per part del fiscal. A la primavera del 2011 vaig rebre una altra carta certificada, però aquesta vegada del Tribunal Penal de Viena, on se suposava que havia d'anar com a acusat. Allà vaig conèixer un jutge, el fiscal, a qui ja coneixia, i el meu defensor públic, que en la meva primera reunió amb ell s'havia queixat que havia de llegir 6.000 pàgines d'actes judicials per al judici. Ara va arribar a aquesta negociació, on, naturalment, totes les parts van fer preguntes. La qüestió de si havia rebut diners per aquesta emissió dels papers era de segona importància, igual que ho va ser durant l'interrogatori del fiscal. Vaig poder convèncer el jutge de la millor manera possible amb les meves respostes i arguments. El meu advocat es va mostrar més reticent, només va cavar un precedent que tenia molt poc a veure amb la meva acusació. El fiscal va ser una mica més persistent i va fer preguntes força ràpides. Resultat d'aquest judici, el jutge va anunciar la sentència, 24 mesos de presó, no significa presó. Després de pronunciar el veredicte, em va informar sobre la meva decisió al respecte; Per acceptar la sentència immediatament, 3 dies per considerar o apel·lar immediatament. Realment no m'ho esperava, perquè suposava que podia sortir de la cort com un home lliure i innocent. Així que vaig mirar el meu advocat defensor i li vaig ensenyar 3 dits durant 3 dies per pensar-hi. Però en veure que el fiscal veia la meva vacil·lació, va dir que recorreria o emprendria accions legals. El febrer de 2012 va tenir lloc la segona vista davant el Tribunal Regional Superior de Viena, on vaig suposar que el veredicte seria a favor meu. Així que vaig entrar a la sala a l'hora indicada i vaig trobar un senat de jutges. Quan es van comprovar les meves dades, un dels jutges em va parlar: La sentència del Tribunal Penal de Viena es canviarà a 16 mesos condicionals i 8 mesos incondicionals. La meva reacció davant d'això: no pot ser això! El jutge va dir: Si no has entès el veredicte, hauràs de ser detingut durant 8 mesos. Per a mi, un món es va ensorrar. D'una banda, jo havia emès aquests papers de bona fe fins que em van fer xantatge; de l'altra, volia protegir el meu fill, que anava malament als pantalons. Gairebé mai vaig tenir un avantatge econòmic i vaig ser castigat per això. Per descomptat, vaig preguntar al meu advocat què més es podia fer en aquest sentit, però vaig haver d'adonar-me que a aquesta sentència no hi havia cap recurs, només una petició. Però de seguida no em va donar cap esperança que alguna cosa en aquesta decisió del Tribunal Superior Regional canviés com a conseqüència d'aquesta petició. Però li vaig demanar que ho fes. Però tampoc no va tenir èxit. Aleshores vaig rebre una carta del jutjat, on havia d'estar a la presó de Simmering el 10 d'abril de 2012 com a molt tard, per començar la meva condemna de 8 mesos de presó.

<u>2006 a 2011 tot sobre cura</u>

Quan el març del 2006 va morir el meu pare, com ja s'ha dit, vaig tornar a fer front a un desallotjament del meu Garcionerre al districte 20. Ara, després de la mort del seu marit, la meva mare estava completament sola, i després de gairebé 53 anys de matrimoni, em van treure el sostre del cap, així que el que quedava més que mudar-me a un apartament de 75 metres quadrats amb la discussió la meva part de donar-li la supervisió mútua, perquè estava força deprimida després de la mort. Aleshores, no sabia dir si la meva decisió era correcta o no, i ella ja havia tingut 2 cops darrere. En el moment en què va morir el seu marit, pesava al voltant de 80 quilos, no era grassa sinó corpulenta. El primer any amb ella en un apartament va ser força bo, vam anar a comprar, al metge i a les revisions. En aquest moment havia de prendre unes 10 pastilles al dia a causa de les seves malalties anteriors. Entre ells hi havia un psicofàrmac, on cada vegada havia d'anar a un neuròleg més que a un metge de família per obtenir la recepta. Crec que se li va prescriure perquè s'havia deprimit cada cop més. També es diria que feia la meva feina a la mateixa casa, només separada per un pati. Vol dir que jo estava a la planta baixa i ella a l'apartament del primer pis. El segon any, el seu estat va començar a deteriorar-se ràpidament, cada cop menjava menys i no volia sortir. Recordo un episodi en què els dos estàvem comprant a la botiga de queviures a uns 300 metres i ella no va poder anar més lluny després de pagar la compra. Així que la vaig asseure a la botiga, vaig córrer els 300 metres de tornada fins a la botiga i vaig anar a buscar el meu tobog, que portava anys, el vaig conduir a la botiga, el vaig posar al tobogan amb molta reticència i el vaig portar a casa amb ella. No m'importava el que semblava. Tu no necessàriament. Tot plegat semblava que vaig passar a l'apartament amb ella de dilluns a divendres i vaig anar a veure la meva família a la Baixa Àustria divendres al vespre, Gregor i Britta. Però com que no necessàriament havia d'estar sola el cap de setmana, el meu germà va venir durant dues o tres hores dissabte i això es va convertir en una farsa gairebé sempre. Una vegada em va trucar perquè no trobava la medicació, una altra per alguna banalitat. És a dir, tampoc em va ser de gran ajuda en aquest sentit. Però des que s'hi van afegir la creixent depressió, paranoia i demència, la cura de la seva persona es va fer cada cop més difícil, és a dir, l'atenció de 24 hores es va fer servir plenament. Durant el dia, com que ja no tenia una idea de l'hora, dormia i durant la nit quan jo volia dormir a l'habitació del costat, embruixava l'apartament. Ni tan sols la va haver de recollir a la sala d'estar a mitjanit o més tard i tornar-la a dormir. A més, ja no tenia una visió general de quins articles per a la llar tenia. Va passar que a les 11 del matí es va quedar al balcó i va cridar el meu nom fort perquè estava dempeus, Peter, necessitava almenys dos tubs de pasta de dents. Llavors vaig entrar al pati, la vaig veure gesticular de manera salvatge al balcó i vaig dir que hauria de mirar a la caixa, que jo sé que hi havia almenys 10 tubs de pasta de dents. Tot el que va dir va ser que sabria el que necessitava i no jo. Així que vaig haver de comprar-li els tubs 11 i 12 immediatament i immediatament. No ho vaig fer mai, que vaig anar a comprar. L'única vegada que vaig haver de respirar eren les vegades en què ella anava d'un hospital a l'altre, així que només vaig haver de visitar-la una hora aproximadament, perquè no hi havia res més. Cada cop em costava més parlar amb ella perquè no veia cap perspectiva. En els hospitals individuals, crec que va "visitar" gairebé tots els hospitals de Viena, però els van mantenir durant un màxim de 10 dies, perquè físicament no van trobar res i pel que fa a la psique, ningú va poder ajudar. ella. Ara el meu estimat germà, amb qui, com he dit, no vaig tenir cap contacte durant uns 20 anys, va tenir la gloriosa idea d'incapacitar la seva mare. Per fer-ho, va acudir al jutjat de districte competent i va presentar la sol·licitud. La meva opinió sobre això era que sens dubte encara estava seny, encara que ja estava en el camí de tornar-se boja. Així que un vespre, després d'una notificació prèvia, un advocat del tribunal de districte va venir al nostre apartament. La meva mare i els dos fills vam estar presents. Al principi va fer les seves preguntes a la meva mare, que les va respondre correctament, però després el meu germà, que havia fet la sol·licitud, va rebre una instrucció força sòlida d'aquest advocat. Va dir que la dona estava totalment seny i per què havia fet la sol·licitud, que per descomptat no va poder respondre. Per tant, aquesta petició va ser rebutjada. Fins a aquest moment, la meva relació amb el meu germà encara era raonablement educada i real. Després d'això va anar empitjorant, fins i tot atacs físics per part seva en presència de la nostra mare. El setembre de 2010, va tornar a caminar per l'apartament durant el dia i va caure a la sala d'estar. Jo estava fora de casa en aquell moment. En aquell moment tenia una ajuda a domicili tres cops al dia durant uns 4 anys, perquè jo no hi era sempre i el resultat va ser una caixa forta de claus a l'entrada de l'apartament, perquè és clar que també es feien servir els serveis d'ajuda a domicili i rescat. . A més, tenia una polsera amb un botó d'emergència que podia utilitzar si calia. Així que aquell dia va arribar el rescat, que també em va informar que li havia passat alguna cosa a la meva mare, i també van entrar fent servir la caixa forta de claus. Aleshores la van portar a l'hospital, on es va trobar que tenia una costella perforada als pulmons quan va caure a l'apartament. Ara va tornar a conduir a l'hospital més proper i va parlar amb el metge cap del departament. Em va preguntar si la meva mare seria atesa les 24 hores del dia després de ser alliberada. Però vaig haver de respondre aquesta pregunta amb un no, perquè estava esgotada físicament i mentalment no només per això, sinó també per la meva addicció. S'hauria d'enviar per endavant que immediatament després de la mort del meu pare, el març de 2006, el meu germà havia sol·licitat una plaça en una residència de gent gran per a ella. Li hauria estat més fàcil veure-la a una casa un mes després. Quan, després d'uns 2 anys, vaig rebre una promesa per a la casa del districte 20, vaig conèixer aquesta casa per dins i per fora, i em va torturar amb la decisió de què fer: a casa o no. En aquest sentit, cal destacar que aquesta casa es trobava en un dels seus entorns familiars i, com que fa molt de temps que no es troba, també és molt bonica. El meu argument era que seria la seva pròpia decisió i que no ho aconsellaria ni desaconsellaria. El meu germà, és clar, la va convèncer immediatament perquè ocupés el lloc. Al cap d'unes setmanes i mesos es va negar. Ara, com he dit, estava a l'hospital i el municipi de Viena buscava una plaça en una residència d'avis, que va aconseguir a finals del 2010 en una residència recentment oberta al districte 22. Allà, a la 8a planta amb ascensor, li van donar una habitació d'uns 20 metres quadrats. Pel que vaig poder dir, era una de les més joves de l'època, amb 78 anys. Al costat de les habitacions hi havia una sala comuna on els reclusos es reunien per xafardejar o jugar. Recordo haver dit diverses vegades que havia de sortir de la seva habitació i parlar amb els altres. Però la seva paranoia o demència estava tan avançada que ja no volia estar al costat de la gent, perquè li podien fer alguna cosa, ja que vaig haver de saber-ne a diversos hospitals quan veia gent amb bata blanca i que volia fer alguna cosa. a ella. No va permetre el meu argument que només eren personal mèdic que volia ajudar-la. El 2 de març de 2011 vaig anar a casa seva gairebé cada dia a visitar-la. Aquell dia gairebé no estava disponible, ni vaig poder parlar amb ella. Quan vaig anar a casa amb cotxe, vaig tenir les meves premonicions. Durant la nit, com de costum, vaig apagar el mòbil. Al matí, quan el vaig tornar a encendre, vaig veure un missatge de text de casa. La meva premonició es va confirmar, aquella nit es va adormir tranquil·lament als braços d'una infermera. Ara vam enterrar la nostra mare a la mateixa tomba on era el meu pare. Ara estava sol en un pis de 75 metres quadrats amb les meves pertinences i un lloguer de poc menys de 500 €.

Maig 2011 Neocathomenat

La meva relació amb la meva mare no era exactament la que tenia en aquell moment, però ella va estar allà per a mi fins i tot en la meva infància, encara que només en una mesura limitada. Així que vaig tenir una mica de dilema pel que fa a ella. En un bonic dia de primavera de principis de maig, un diumenge caminava pel canal del Danubi amb la meva roba vella, després em vaig asseure en un banc i vaig començar a escriure al mòbil. Com que ja tenia una vista molt limitada en aquest moment a causa de les cataractes en creixement, no vaig veure massa. De sobte, el sol que brillava a la meva cara es va enfosquir. Quan vaig aixecar la vista, hi havia dues persones davant meu que amb prou feines podia distingir. Una dona em va preguntar si creia en Déu després de presentar-se com Anna. També va presentar la segona dama, però no recordo el seu nom. S'hauria d'enviar amb antelació que hauria evitat aquesta discussió en qualsevol moment. Aquesta pregunta, que aquí no vull respondre, va donar lloc a una conversa de mitja hora i al final em va dir: El proper dissabte al vespre us convido a les 20 h. T'anotaré el número de telèfon del Wolfgang, si passa alguna cosa mentrestant. Què ha sigut això? Em conviden dues dones que eren 10 anys més grans que jo. També em van dir que eren del neocatòlic, de l'Església catòlica i no d'una secta. D'acord, ara tenia un número de telèfon d'un tal Wolfgang i una invitació. Què se suposa que ha de ser? Ara m'estava al llit cada vespre i reflexionava sobre aquesta invitació. Així que va arribar aquest dissabte i vaig pensar que no tenia diners com cap i, per descomptat, tenia curiositat què era. Així, com de costum, vaig sortir abans de casa i vaig arribar-hi al districte 20 a les 19.30 h. Quan vaig entrar al vestíbul on s'havia de fer tot, vaig veure un home a l'altre extrem de la sala que estava col·locant cadires plegables. Quan em va veure a la porta, es va acostar a mi, va estendre la mà i va dir que era Wolfgang. Només llavors em vaig adonar que aquest devia ser un sacerdot, perquè anava vestit de negre de dalt a baix. Quan llavors em va preguntar el meu nom, vaig quedar una mica perplex i vaig començar a tartamudejar i vaig dir: Em dic Eduard. Aquest nom em va quedar una estona, fins que el vaig poder convèncer perquè em digués Edi. També em va demanar si podia ajudar-lo a muntar les butaques, cosa que, per descomptat, vaig fer de bon grat. Ara eren gairebé les 8 del vespre i m'esperava que vindria una gent gran, les una vintena de butaques estaven a punt i així em vaig asseure en una d'elles. Aleshores es va obrir la segona porta de la sala i va entrar una noia d'uns 16 anys amb una guitarra a l'esquena. Amb el temps la sala es va omplir i vaig descobrir que era una de les més grans. Quan tot va començar poc després de les 8 del vespre, és clar, vaig haver de presentar-me, cosa que mai m'havia agradat fer abans. Aleshores va resultar que era una eucaristia amb dues lectures i un evangeli de la Bíblia. Encara tenia al fons que la meva àvia, que era catòlica, m'havia traslladat sovint a missa a l'Església catòlica durant els meus dies d'escola i ja pensava aleshores que no era res per a mi, tota la gent gran, resant. i agenollar-se i tornar a pregar. Però va ser una mica diferent i no només els participants. Les dues lectures de la Bíblia van ser preparades i llegides pels mateixos participants. Wolfgang, que es presentava com a sacerdot, només presidia i havia de llegir l'Evangeli i després analitzar totes les lectures en un sermó. Nosaltres, tots els participants, també podríem anunciar què ens hauria dit la lectura respectiva i que voluntàriament. També em va agradar que la guitarra no fos només per mirar-la, sinó que sempre s'entonava una cançó entre les lectures individuals, i tots cantàvem amb ella. Bé, això es va acabar cap a les 10 del vespre i em van informar que el dimarts següent a les 20 hores hi hauria una litúrgia de paraules. Després d'haver-me promès aquest tipus de fira, vaig tornar dimarts. Aleshores em vaig fer germà de la que aleshores era la 10a comunitat del Neokathomenat, que també vaig exercir durant set anys i que personalment em va aportar molt. El procés en aquesta comunitat era sempre el mateix, de 3 a 4 persones d'aquest grup havien de preparar la respectiva litúrgia o l'Eucaristia en una de les 3 o 4 persones a casa uns dies abans i després presentar-la aquell dia. No sempre va ser fàcil trobar gent suficient per participar. També teníem un diumenge comunitari cada un o dos mesos i aproximadament dos cops a l'any un cap de setmana comunitari en un hotel de la Baixa Àustria. Quan vaig arribar a aquesta comunitat el maig de 2011, només feia mig any que existia. És a dir, no us coneixeu gaire, però això ha anat canviant amb els anys, ja que us anàveu preparant amb una altra persona i així veieu l'entorn en què es movia. Aleshores em vaig fer amiga de dues germanes, la Maria i la Giada. Maria va néixer a Polònia i va estudiar a Àustria,

Giada era una jove estudiant d'intercanvi d'uns 20 anys de Caprí/Itàlia. Jo havia fet molt amb tots dos, però la Giada va haver de tornar a Itàlia l'estiu del 2012 quan ja parlava un alemany perfecte. El que em va connectar amb la Maria va ser que ella va satisfer la meva addicció tant com jo, però no tan excessivament.

Condemna de presó d'abril de 2012

Així que el 10 d'abril vaig conduir amb les meves pertinences al districte 11 per començar la meva pena de presó, ja que cada cop eren menys. Això va ser precedit pel fet que dos mesos abans tenia una altra demanda de desnonament amb la data d'execució, el 10 de maig de 2012 al coll. Així que vaig tenir poc temps per desallotjar l'apartament del districte 20. La Maria i el meu company, a qui vindré més endavant, em van ser de gran ajuda perquè en aquell moment estava detingut. Quan vaig arribar al centre de detenció, em van escorcollar a fons i després em van posar a la sala tancada en una cel·la d'uns 10 metres quadrats per parelles. Al principi em van indicar què havia de fer i què no, a més de saber quin departament hi havia. Durant el dia només hi havia una hora de caminada pel pati, si el temps ho permetia. Els dos primers mesos, és clar, vaig tenir prou temps, parlar amb el meu company de reclusió no sempre va ser fàcil, així que vaig agafar la Bíblia i la vaig llegir de principi a fi, malgrat les cataractes. Després de dos mesos, em van traslladar al sistema penitenciari relaxat, on es podia treballar al centre de detenció. A la sala hi havia de 6 a 10 persones que havien treballat en diferents departaments. Però com que soc una persona que gaudeix de la seva llibertat, em deixo traslladar de nou i vaig acabar a l'aire lliure. Això vol dir aixecar-me a les 4:30 i conduir des del districte 11 fins a la caserna del districte 14, on em van destinar a fer jardineria amb altres reclusos. Com que no va ser exactament agradable estar al sol tot el dia al juliol d'agost de 2012, teníem ganes d'acabar la feina a les 4 de la tarda. Després d'això havíem de tornar al centre de detenció a les 6 de la tarda en punt. La beca a la qual em vaig unir un any abans em va donar un gran suport durant aquest temps. Això es va expressar en el fet que cada dia de la meva visita, tres dels meus germans actuals van venir a visitar-me i em van donar consol. Com que també vaig tenir l'oportunitat de passar el cap de setmana fora de la institució amb el departament d'exteriors, vaig poder assistir a un diumenge comunitari, entre altres coses.

El que també cal destacar aquí és que tots els meus familiars, inclosos alguns en forma de 4 cosins i una tieta i un oncle, no es van presentar a les hores de visita, ni tan sols vull parlar del meu germà. , perquè sabia que estic assegut. A més, la meva germana Maria em va pressionar molt perquè em reconciliés amb els meus pares, perquè la vaig fer culpable d'on era ara. Així que va passar un diumenge al matí quan em van permetre sortir a aquesta conversa a les 8 en punt. Bé, sí, tots dos estaven morts, de què he de parlar amb les pedres. Però com que el cementiri estava prop del centre de detenció, vaig baixar del tramvia i vaig anar a la tomba. Al principi no sabia què dir, però després crec que vaig parlar amb ells durant una mitja hora aproximadament i vaig acabar amb les llàgrimes recorrent-me les galtes. Quan vaig tornar al tramvia, em vaig sentir 10 lliures més lleuger. Des de llavors he fet les paus amb els meus pares, encara que només fossin pedres i dels meus llavis tornarà a sortir una mala paraula sobre els meus pares, no tinc dret, hauria de fer-ho millor, però sembla que no ho he aconseguit. tampoc, almenys fins ara. Un matí, quan tornava a la caserna a la feina, em va passar un accident. Teníem l'opció de fer càtering a la caserna. Això vol dir que vam poder esmorzar, dinar i de tant en tant menjar en forma de llaunes per al vespre. Bé, vaig anar, com de costum, a esmorzar a les 6:30 del matí i menjar un rotllo fresc i abundant. De sobte em vaig adonar que la meva dentició superior estava trencada al mig. Així, al vespre en detenció, vaig organitzar una visita al dentista perquè no em van donar la mossegada. Jo també ho vaig aconseguir i vaig haver de quedar-me a la institució aquell dia. Cal enviar per avançat que no vaig tenir assegurança mèdica durant la meva detenció i que els costos de qualsevol tractament estaven coberts pel pressupost del poder judicial. Així que vaig anar a un dentista que no necessàriament era el millor, però que havia cobrat molt a la justícia per arreglar-me les dents. En el temps, ja l'havia registrat, la meva cataracta va empitjorar tant que al final només tenia un 2% de visió. Això vol dir que vaig haver d'agafar el voral amb l'ajuda dels meus peus. Va ser la suposició errònia que aquesta operació també es podia fer durant la presó, però tenia l'ull adequat per a l'operació dos dies després de l'alliberament de la presó el 12 de desembre i l'altre una setmana més tard.

Destituït el 10 de desembre de 2012

Aquell dia em van alliberar i ara estava al carrer amb uns 700 €, una visió del 2% i les meves pertinences miserables i sense sostre sobre el meu cap. Però com que un germà anomenat Werner s'havia ofert a traslladar-se al seu gabinet al districte 8 mentre estava detingut, vaig acceptar amb molt de gust. Només va dir fins que vaig trobar alguna cosa. Com que ara tenia massa diners a la butxaca, naturalment em picava, no vaig tenir aquest aspecte durant la detenció, encara que probablement s'hauria basat en el temps. Així que va passar com calia, vaig continuar jugant i, al cap d'una estona, el germà Werner em va preguntar fins on havia avançat la recerca d'un apartament. Després de veure que no hi havia posat massa zel, amb raó em va donar un ultimàtum. Jo també ho vaig deixar passar, i així vaig haver de sol·licitar al municipi de Viena un asil per a persones sense sostre, que també vaig aconseguir al districte 16 juntament amb un segon en una habitació de 20 metres quadrats. Segons la meva imaginació, m'havia imaginat que no hauríeu de pagar res per això, però va ser un error. Certament no l'import d'un lloguer, però almenys eren 160 € que vaig poder pagar al principi. Però amb el pas del temps això ja no era possible. Malgrat els consellers socials, es van veure obligats a treure'm de casa. Ara què? Així que el meu patró i amic Kamal es va oferir a allotjar-me al soterrani del seu negoci, sense vàter i aigua, com que l'any ja estava avançat i l'hivern estava a la vora, vaig haver d'acceptar-ho, és clar sense que l'altre ho anés. festes a casa. No estava sol allà baix, també tenia mascotes en forma de ratolins que em passaven per la cara de vegades durant la nit quan dormia. Probablement era el moment en què pensava almenys una vegada a la setmana per a què vivia. No havia aconseguit res, al contrari, ho vaig arruïnar tot, als 11 anys vaig haver de mentir al meu fill que havia de treballar a Berlín i per tant només el trucava un cop a la setmana des de la presó. Els meus pensaments suïcides ja eren molt extrems aleshores. És clar que els meus germans i germanes de la comunitat també sabien de tota la misèria, però tampoc em van poder ajudar, encara que això arribés fins al catequista.

Final 24 de desembre de 2014

Ara era Nadal, com els anys anteriors. Vaig dormir al soterrani, tenia mascotes amb mi i 20 € a la cartera. Encara hi havia uns quants queviures, perquè amb el temps vaig poder viure amb 6€ al dia per menjar i fumar. Bé, què fas amb aquests diners, vas a la sala de jocs d'atzar més propera i l'import s'ha anat. En aquest moment, al municipi de Viena es va decidir que el petit joc d'atzar s'aturaria l'1 de gener de 2015. Vol dir que totes les màquines que vaig alimentar durant més de 30 anys es van tancar, però només a Viena i no a la Baixa Àustria. Bé, va arribar l'any nou, no hi havia més màquines a Viena i els diners em van tornar a la butxaca. Ara vaig tenir l'oportunitat de pujar al tren, conduir fins a un suburbi de Viena i continuar menjant aquestes galledes. Però aquest no va ser el cas, per què encara no puc explicar-me fins avui, però no importa, segur que no ho qüestionaré. És a dir, després d'uns bons 30 anys i les dificultats que se'n van derivar, em vaig curar d'aquesta addicció el 24 de desembre de 2014. A partir d'aquell dia no havia tornat a tocar cap màquina. Per descomptat, no vaig poder respondre el que havia jugat amb el pas del temps, però suposo que definitivament era una quantitat de 7 dígits. És a dir, havia pagat els meus impostos sobre beneficis i impost sobre vendes amb la meva feina i això no és massa escàs, almenys des de la meva part, però no puc jutjar si això va acabar amb les respectives oficines com l'Hisenda i l'ajuntament. El que va ser interessant és que quan vaig tenir la meva residència forçada l'any 2012, no vaig haver de jugar i gairebé en llibertat, va tornar a continuar. Com ha anat ara? El febrer de 2015 vaig tornar a buscar una plaça al refugi per a persones sense llar i la vaig aconseguir immediatament al districte 16. Ara tot passava en ràpida successió. La treballadora social que em va tenir cura em va pressionar molt perquè em destinessin un pis comunitari. La quota de la plaça en els 160 €, - ja no eren un problema, així que es pagaven regularment. Com que el gener de 2013 ja vaig presentar un pis comunitari, no esperava realment que aquesta vegada funcionés. L'any 2013 em van demanar que confirmés els meus contractes de registre i lloguer dels darrers tres anys. Vaig poder omplir la confirmació del registre, però per descomptat no vaig poder proporcionar un contracte de lloguer. L'argument que jo era ciutadà austríac i que vaig néixer a Viena tampoc va ajudar. Estava tan furiós en aquell moment que em vaig deixar portar dient que m'havien d'emetre aquest avís negatiu, perquè necessito aquest paper per a un lloc concret. Bé de nou. La treballadora social d'aquesta casa em va demanar que ingressés una determinada quantitat a la casa mes rere mes perquè tingués diners per al pis quan sortís de casa. L'1 de juliol de 2015 vaig rebre un petit pis de 36 metres quadrats al districte 20, on encara visc avui. Però com que gairebé no tenia mobles, vaig haver de comprar de tot, des de cuines encastades fins a armaris. Com que l'apartament es troba al 5è pis, em va ajudar un company d'habitació del refugi per a persones sense llar. El que passava, l'addicció al joc havia desaparegut, tenia el meu propi pis, on encara no hi ha endarreriments de lloguer i, sobretot, de sobte vaig tenir més de 10 euros a la cartera. Va ser una sensació meravellosa i res ha canviat fins ara. En altres paraules, em vaig donar vida, què era quan era jugador, no necessàriament ho assignaria a això.

Febrer 2016 vida normal

A principis del 2016, una postal va revolotejar a la meva bústia. Vaig llegir això i vaig trobar que era un portal en línia on us podeu registrar de forma gratuïta. Després de ser gratis, també ho vaig fer. Tot era un lloc web amb un centenar de grups diferents, segons els seus interessos. Com que sempre he estat una persona curiosa, vaig mirar els grups i vaig trobar uns 4 o 5 grups que em parlaven. Per a dos d'aquests, vaig establir activitats a clubs de més de 50 i clubs de més de 60, que també corresponien a l'edat dels socis. Ara Helmut, l'administrador del grup 60+ Treff, organitzava visites al restaurant cada dues setmanes a les 6 de la tarda. Cada cop en un restaurant diferent. Com que no sabia res d'això del meu passat, va ser per a mi un plaer menjar-hi sempre bé i xafardejar unes 3 o 4 hores amb les 8 o 10 persones que hi eren. L'altre grup, més de 50 anys, va ser un repte per a mi des del principi. Llavors, l'administrador va escriure, vaig oblidar el meu nom, de nou cada 2 setmanes el divendres al vespre a les 6 de la tarda, una reunió en una parada del mercat del 3r districte. En aquest grup, però, no es va centrar en l'alimentació, sinó molt més en la societat. No obstant això, com que aquestes reunions no estaven organitzades de manera òptima, només van venir un grapat a aquestes trobades, però no va ser possible molt més, no hi havia prou espai per a més en aquest estand. L'administrador Helmut del grup 60+ Treff ho va fer amb molta més precisió fins a la seva mort el 2019. Sempre vaig portar el meu amic Roman amb mi a les dues reunions perquè en aquell moment era solter, però tornaré amb ell més tard. Com he dit, no hi havia massa coses al grup de més de 50 anys i, per tant, vaig prendre la iniciativa de posar reunions en línia cada 2 setmanes a través d'aquest grup. El grup tenia uns 100 membres en aquell moment i per això vaig anunciar una reunió en un restaurant i no en un bufet de parades del mercat al portal. Al principi, potser hi havia entre 7 i 8 persones d'aquest grup i, per descomptat, el focus principal no era el menjar, sinó la conversa i les converses. Va ser interessant que amb tots i cadascun d'ells hi havia constantment més dones que homes presents cada 2 setmanes. Això vol dir que de vegades passava que Roman i jo érem els únics homes. Però després que em va encantar envoltar-me de dones, que també va ser una experiència nova per a mi, vaig rebre les dones en conseqüència. Això vol dir besar a dreta i esquerra, on em vaig adonar que això tenia un impacte en la qualitat posterior de la conversa. Al principi va ser una mica feixuc, però amb el pas del temps van arribar més i més a aquestes reunions. El nombre de membres d'aquest grup també va augmentar constantment, fins al final amb uns bons 500 membres. Com que jo no era l'administrador d'aquest grup, és clar que hi havia hostilitat cap a altres membres d'aquest grup, entre altres coses amb l'argument que es tractava d'un intercanvi de socis, que vaig tornar a posar a la web amb els comentaris corresponents. El 2018 i el 2019 vaig tenir la idea que no cal anar necessàriament a un pub, sinó que també hi ha cultura i esports lleugers. Aquestes reunions no foren necessàriament acceptades pels membres. Era cabaret, bitlles, billar o minigolf, així que no hi havia coses de luxe. Només unes 5 o 6 persones van venir a aquestes reunions, així que vaig tornar a les reunions locals. Quan va arribar la pandèmia el 2020, vam tenir la nostra darrera reunió al 3r districte al febrer. Uns mesos més tard, la Pamela em va informar que ja no trobava el grup 50+ Treff al lloc web. Però com que aquestes reunions no podien tenir lloc amb bloqueig i altres restriccions, no em vaig adonar d'aquest fet. Ho vaig investigar i vaig trobar que tant el grup Treff 60+, que no obstant això no tenia activitats després de la mort de l'administrador, com el grup Treff 50+ i els seus membres havien estat eliminats d'aquesta pàgina. El rerefons era, i es va fer evident un temps abans, que el programari (presupostament Ubuntu) que hi havia al darrere s'havia bloquejat i s'havia instal·lat programari nou a través d'aquest lloc web. Com que ara em dic programador, vaig escriure a aquesta empresa, els propietaris d'aquest lloc, aproximadament dues vegades per saber què hi hauria passat. La resposta va ser que alguns grups antics ja no es podien restaurar. Per descomptat, també vaig comentar que això es podria fer molt bé, però també amb una gran despesa de temps, perquè les dades han d'estar disponibles, només cal llegir-les i afegir-les al nou portal. Esdeveniments de dansa tardor 2015 El meu amic Roman, a qui coneixia des de feia uns quants anys, em va preguntar una vegada si podíem anar a ballar un dissabte a l'Associació de Pensionistes de Viena, cosa que vam fer llavors. I així vam anar a ballar tots els dissabtes al vespre ja sigui al districte 2 o al districte 20 fins que va arribar la pandèmia el 2020 i, per descomptat, no hi va haver més esdeveniments. Aleshores no era pensionista, però què carai, em va agradar, encara que no soc ballarina professional (cas desesperançador).

Família

Doncs sí, segurament vaig tenir això durant uns 10 o 11 anys, però quan vaig anar a l'internat la relació s'ha d'haver deteriorat, perquè allà, volgués o no, el 90% de les meves decisions s'havien de prendre sol. En fer-ho, gairebé ningú estava al meu costat amb consells. Si ho hagués acceptat o no també és qüestionable. En la meva infantesa vaig tenir una bona relació amb els meus 3 cosins els caps de setmana, que són una mica més petits que jo, amb el quart només vaig tenir contacte dues vegades, a petició d'ells. Això vol dir que veia les 3 noies del districte 11 gairebé cada cap de setmana. Pel que fa al meu germà, vam ser un sol cor i una ànima durant uns 16 anys. Això va canviar quan va dir que havia de tenir una dona ara. Quan tenia entre 30 i 35 anys, va demanar la seva herència en efectiu als seus pares en presència meva a la Baixa Àustria. El rerefons era que ara estava casat i tenia dues filles i deia que havia de construir una existència aquí i ara a Alemanya. Com que aquesta petició es va expressar amb força física, va "va dir adéu" durant uns bons 20 anys. No vam tenir contacte amb ell fins poc abans de la mort del nostre pare. Encara avui no tinc cap contacte amb ell i no sé ni ell ni jo sobre on vivim. Pel que fa al meu fill, que ara té 20 anys, cal dir que l'any 2012 no li vaig poder dir que estava en presó, però que havia de treballar a l'estranger, en aquell moment tenia 11 anys. La meva parella i jo havíem coincidit en això, amb ell vaig tenir una bona relació almenys fins que em vaig veure obligat a quedar-me al districte 11, encara que només fos el cap de setmana. Com que, al meu entendre, un estimat familiar de la meva exparella li va informar el 2012 on era realment, malgrat diversos intents des de l'abril de 2018, no he tingut cap contacte, l'última vegada que el vaig veure va ser el 15 de juliol de 2017. La relació amb la meva mare en realitat només va ser bona els primers anys de la meva vida, però com que érem personatges molt diferents, això va canviar com a molt tard quan vam anar a l'internat, però això no va canviar el fet que jo estigués al seu costat. en els darrers anys de la seva vida. Però allò que em va impactar molt i que encara avui em preocupa, que mai no podria parlar amb el meu pare i ell probablement tampoc no podria parlar amb mi.

Amics

Al llarg dels anys, segur que he tingut uns quants amics que intento classificar aquí, tot i que realment no hi tinc dret, però com he dit, així ho veig. Entre els meus millors amics hi havia, sens dubte, els de la Baixa Àustria, als quals jo ja ho sabia quan tenia 12 anys vaig aprendre. Tanmateix, com que es van estendre per tot l'estat federal de la Baixa Àustria, l'amistat es va acabar després d'uns 15 a 20 anys. Pel que fa al meu amic vienès, encara no sé per què mai va impedir que em fes addicte al joc. Però m'agradaria acreditar-li que no ho hauria pogut fer. L'any 2005 o 2006 vaig tenir problemes amb el meu estand PC a la botiga i, com que els diners normalment eren pocs, vaig buscar una reparació d'ordinadors, que també vaig trobar al districte 20. Allà vaig arribar a un celler restaurant a dos carrers més enllà. Quan vaig veure la persona que es deia Kamal, em vaig adonar que havia de ser un àrab i em vaig adreçar a ell així, ja que feia anys que havia tractat amb aquesta gent. Va respondre a les meves paraules àrabs i també va dir que va néixer a Alexandria però que ara és ciutadà austríac. Un o dos anys més tard es va traslladar dos carrers a un restaurant a la planta baixa, on em va contractar un temps després, ell és responsable del maquinari i jo del programari. Va ser ell qui em va oferir refugi al soterrani l'any que no en vaig tenir. Aproximadament un any més tard, un senyor una mica més gran va venir a la nostra botiga del districte 20, com va resultar que era 20 anys més gran que jo. Va dir que tenia problemes amb el seu propi lloc web, com que el programari estava adaptat, ja no se'n coneixia i volia afegir algunes coses. Potser m'agradaria veure què vaig fer al moment. Allà vaig trobar un lloc web força gran en el qual havia treballat ell mateix durant anys, i vaig llegir-me en aquest sistema. Al final, finalment vaig poder solucionar els problemes de conversa que tenia amb el nou sistema. Una amistat que va sorgir d'ambdues trobades, que perdura fins avui i que tampoc em voldria perdre. Sí, es van establir connexions des dels grups de més de 60 clubs i de més de 50 clubs, però van tornar a esvair amb la pandèmia.

Col·laboracions

La primera associació amb la meva companya del centre d'investigació em va decebre una mica, ja que estava una mica desilusionada que ella m'hagués obligat a viure sota el mateix sostre que els seus pares, a mi i a un nen, per la qual cosa el seu pare em va acceptar molt bé, però la seva dona. feia qui havia de saber-ho tot em va molestar una mica. Pel que fa a la meva segona dona a la meva vida, va ser indiscutiblement la dona de la meva vida, sinó la parella no hauria durat més de 20 anys. Que es va trencar, malgrat el fill de 8 anys en aquell moment, probablement és un 95% culpa meva. Només havia trobat en retrospectiva que mai no parlàvem de nosaltres mateixos i dels nostres problemes i llavors, com vam fer després de la ruptura, era massa tard. Potser això hauria canviat alguna cosa si haguéssim parlat abans. No ho sé. Com que es deia que el grup 50+ Treff era una mena de portal de socis des del principi del meu treball per a aquest grup, va passar com calia. Va ser un divendres abans de Pentecosta del 2017, 8 anys després que Britta de la Baixa Àustria s'hagués separat de mi. Allà vam tornar a tenir una reunió en un bar i el seu pub jardí. Hi vaig anar com sempre amb el meu amic Roman. Després va venir la Pamela, membre del grup Treff de més de 50 anys i un any més jove que jo, i es va asseure entre el Roman i jo. Al llarg de la vetllada es va desenvolupar una conversa puntual entre jo i la Pamela i vam parlar i vam riure molt, de manera que ja no em vaig adonar molt dels altres participants. En el procés, em vaig adonar que cada vegada que teníem alguna cosa de què riure, em donava una palmada a la part superior del braç o la cuixa. Em vaig inscriure bé, però què ara, perquè no era el més valent en aquest sentit. Però vaig agafar el meu coratge i li vaig preguntar si no ens podíem trobar en algun lloc el dissabte de Pentecosta per anar a passejar, cosa que també vam fer l'endemà. Vaig caure dels núvols i vaig anar al dia comunitari de la meva comunitat el diumenge de Pentecosta. Però com que sempre era costum en dies com aquest, després d'una petita pregària, parlar del camí i de les pròpies vivències amb ell, i que davant d'unes 20 persones, és clar de manera voluntària, vaig començar al cap d'una estona. Com he dit, tenia 57 anys i havia parlat amb la Pamela per telèfon abans d'entrar a l'edifici. Així que vaig dir que patia una malaltia incurable que podia afectar a qualsevol i altres declaracions florides per part meva. Vaig mirar al meu voltant i, excepte les cares consternadas, no vaig poder distingir res. De què estava parlant? Bé, és clar que hi havia preguntes i afirmacions, com ara: estàs parlant com un jove de 16 anys i un dels presents, un estudiant de 22, em va preguntar: Edi estàs enamorat, que és clar que jo no podia negar. Un mes després, el 15 de juliol de 2017, m'imaginava que la Pamela i jo érem una parella, vaig anar a veure el meu fill a la Baixa Àustria per darrera vegada, que aleshores desconeixia. Com que aviat es va adonar que estava sobreexcitada, li vaig confessar que hi havia una dona nova a la meva vida i també li vaig ensenyar una foto d'ella, de la qual em vaig penedir després. En aquell moment, Pamela ja estava en cura a Estiria. Quan va tornar, em vaig assabentar que un altre membre del grup Treff de més de 50 anys l'havia seguit en aquest balneari i la Pamela m'havia endut. Com que aquest home tampoc era necessàriament sociable, aquesta associació entre Georg i Pamela només va ser temporal. Bé, hi va haver més reunions i l'agost del 2018 va tenir lloc una reunió a un Heuriger del districte 19. Algunes persones d'aquest grup, així com jo, havíem creat un grup a Whatsapp i ens van enviar fotos d'anada i tornada per tot arreu. Així que aquest divendres va entrar al grup una dona nova, anomenada Anna, natural de Polònia i agradable de veure. Podia riure molt de cor, cosa que em va impressionar molt. També es va unir al nostre grup a Whatsapp i després va seguir fent aportacions divertides, que van donar un impuls a aquest grup. Un dia de setembre de 2017 va publicar que el raïm del districte 22 estava madur i que algú d'aquest grup no la podia ajudar amb la verema. Ella havia destinat un dia per a això el proper cap de setmana. La resposta a això va ser zero. Així que vaig pensar per què no, anar a llegir raïm i demanar cita al districte 22. Realment vaig trobar un munt de raïm que recol·lectàvem durant el dia i després processàvem en xarop i suc al vespre. Però com que res "fuig" un dissabte al vespre, el temps va passar i aquell dia vam fer parella. A mitjans d'octubre, després d'un mes de parella, va dir que se sentiria més còmoda si la deixaven sola, cosa que vaig haver d'acceptar. Bé o no, això també es va trencar, però sempre hi havia reunions al grup i així al novembre del 2017 al districte 3r. Allà érem unes 20 persones, on vam tenir alguns problemes d'espai en aquest restaurant.

Quan tot va acabar cap a les 9 del matí, nosaltres, en Roman i jo, vam sortir al carrer on hi havia dues dones, que es deien Tine i Julia. De sobte, la Tine va preguntar: Què fem ara? Estava una mica perplex perquè no m'esperava una pregunta així d'una dona. Bé, així que vam anar a una cafeteria propera i vam estar-hi aproximadament una hora. Aleshores, la Tine es va assabentar que estava ocupada amb els ordinadors i em va dir si podia solucionar el problema amb el seu ordinador a casa seva, cosa que va suposar després de donar la seva adreça al districte 14. La dona era uns dos anys més gran que jo i no necessàriament esvelta. Aquesta reparació de l'ordinador o aquesta visita es va convertir en més, encara que no necessàriament m'agradava per la mirada. La major part del temps el vaig passar amb ella i amb ella. Tenia un pis nou, però pel que sembla no s'hi sentia com a casa, pel que vaig poder dir, perquè sempre havia de sortir a comprar alguna cosa o simplement per anar a algun lloc, era una conductora apassionada. Durant aquest temps em va dutxar-me amb roba i altres coses, i sempre havia pagat al pub. Quan li vaig preguntar que no volia això, perquè mentrestant tenia prou roba a les meves caixes, estava una mica nerviosa. Així que un cap de setmana va anar amb la seva germana al Burgenland més profund i va trucar des del cotxe de camí cap allà. Per a mi, això va ser el que va trencar el barril. Ho havia decidit tot sense consultar-me i va dir que podia comprar el meu amor amb un munt de regals. Així que aquest episodi també s'havia acabat. L'estiu del 2018, Roman i jo vam anar a ballar al districte 1, tots dos solters, ja feia temps que coneixíem l'esdeveniment i, sobretot, els dos organitzadors. Quan vam arribar-hi, quasi no quedava espai, així que tots dos vam haver de seure a una taula on ja estaven assegudes dues dones. Una es deia Graziella (pares en part italians) i malauradament no recordo el nom de la segona. Ara que estàvem asseguts a la mateixa taula, també vaig haver de demanar a les dones que ballessin i així la Graziella i jo aviat ens vam asseure una al costat de l'altra i em va dir que tenia problemes amb el seu ordinador. Ja coneixia bé l'argument i Graziella era molt més gran que jo, però tot i així em va confirmar que el veuria a casa seva, al districte 16. Allà també va ser el mateix resultat que amb la Tine, ens vam ajuntar. Tenia un contracte d'arrendament a llarg termini al districte 17 amb una petita casa al jardí corresponentment gran, on no es podia moure fàcilment davant d'un gran nombre de plantes i arbres. A més, tenia vinyes a sobre de la terrassa, on també vam collir el raïm i després el processàvem, una altra vegada una experiència aha. Com que no només era possible moure's pel jardí, això també s'aplicava als interiors de la casa i finalment també al teu apartament. Per tant, l'associació estava limitada en el temps. Jo mateix no soc precisament un ximple de la neteja, però m'agradaria poder moure'm per una habitació, de totes maneres em vaig quedar prou petit l'any 2012. A principis de novembre de 2018, un dissabte al matí després d'esmorzar vaig deixar aquesta connexió en un pressa. Vaig caure en un forat profund en aquest punt perquè em vaig haver de preguntar què estava fent malament. 4 dones i amb tothom no va sortir, era el meu passat, era la meva "riquesa"? Bé, hi va haver un altre acte de ball a finals de novembre un dissabte 24 de novembre de 2018 El meu amic Roman em va convèncer per anar a aquest ball al districte 2. Però no vaig tenir ganes. Al final, finalment em va arribar tan lluny. Ens vam asseure a una taula amb unes 8 persones. Al costat meu vaig veure una dona rossa que, al meu entendre, estava en companyia d'un senyor gran. No havia ballat gaire aquella nit de 18 a 21 h amb música en directe. Cap al final, la senyora en qüestió va tornar a la taula i ens va dir a Roman i a mi si no volíem ballar-hi gens. Només havia entès malament aquesta afirmació i, per tant, no vaig reaccionar. Roman de seguida es va aixecar i va anar a ballar amb ella. Ara s'havia acabat aquest acte i vam anar al guarda-roba. De sobte, aquesta dona, que es deia Ully, es va quedar al meu costat i em va preguntar: vas amb mi i amb això vull dir Roman i jo. Després que fos dissabte al vespre i tampoc tard, no em va importar anar amb mi, i també ho vaig dir a Roman. També va acceptar i així després d'una llarga recerca unes 8 persones van acabar en un bar del districte 1. Abans d'anar al guarda-roba, li va donar a Roman el seu número de mòbil, que només vaig registrar marginalment. Bé, ara ens vam asseure l'Ully al meu costat en aquest bar i en Roman va donar una conferència sobre xamanisme i energètica. Al llarg del vespre va resultar que l'Ully no havia vingut amb el senyor gran, sinó amb la seva amiga Monika. Tan bon punt vaig registrar això, em vaig fer una mica de vergonya, cosa que em va agradar de la senyora. Ara Roman tenia el seu número, però jo no podia demanar-lo. Així que vaig agafar una targeta de visita del restaurant i vaig escriure el meu número de telèfon al darrere. Quan vaig sortir del restaurant, li vaig donar aquesta targeta que, malauradament, Roman també es va adonar. Així que estava a la cuina del diable i l'Ully tenia dos números de mòbil de Roman i jo. L'endemà, diumenge, vaig esperar a veure què passava. No va passar res al matí, però a les 2 en punt hi havia el mòbil i l'Ully estava en línia. Em va preguntar si ni tan sols podríem anar a prendre un cafè. La meva resposta a això: Immediatament i immediatament: teniu una interrupció en la transmissió. Sí, encara ha d'arreglar alguna cosa i em trucarà d'aquí a una hora aproximadament. Però no va ser una hora, només mitja hora i ens vam trobar en una cafeteria del districte 20. Després vam anar al cinema allà i com que no n'hi havia prou, també vam anar a un saló del 1r pis. Li vaig explicar, com hi estava acostumat, tot sobre la meva vida passada, que potser no necessàriament és productiva. De sobte es va girar cap a mi i em va fer un petó a la galta. Des de llavors som parella, encara que hi hagi una diferència d'edat d'uns quants anys.

Per què? Perquè crec que és la millor de les 4 dones anteriors.

Final neocatòlic

Quan em vaig incorporar a la beca o al camí l'any 2011, des del principi va quedar clar que trigaria uns 30 anys a recórrer aquest camí. Ara, l'any 2017, en aquest cap de setmana de Pentecosta, vaig haver de fer les meves experiències, què significa la interpretació de l'associació d'aquesta manera i, per tant, em vaig posar una mica enganyat. Quan la meva germana Maria de la comunitat es va suicidar l'abril de 2018, després de 7 anys de pertinença, vaig decidir acabar el camí i vaig fer el mateix el maig de 2018 en una Vespres pels difunts. El meu pensament en aquest sentit era que ja no podia estar d'acord amb alguns arguments al llarg del camí. Això s'aplicava, per descomptat, a la interpretació de les associacions, així com a com donar vida a la fe. Ara soc creient o no: aquesta pregunta no pot ni vull respondre aquí, sobretot, el propi individu? Per la meva part ara intento viure la fe després de sortir de la comunitat. Des d'aleshores encara he estat en contacte amb Déu, encara que això només s'expressi en oracions silencioses amb ell.

Clients

Al llarg de la meva vida, sens dubte, he tingut diversos centenars de clients als quals tracte sempre amb respecte i cortesia, independentment de si són nacionals o estrangers. Pel que fa a la base de clients en el moment en què venia diaris i revistes, he tingut diverses experiències negatives. Com que el 99% d'ells eren sempre estrangers, ni tan sols vaig haver de mirar els meus diners, ja que la gent havia anat al seu país d'origen i no va fer cas de les meves demandes. Els meus clients, que ja soc completament diferents en el sector informàtic, sempre estan contents quan em truquen. Ja saps que no descanso fins que no s'hagi resolt el problema i això pot portar temps. Però no recordo cap client del moment en què estava creant programari. Aquest és un resident d'Alemanya, però d'una filiació diferent. Les seves tres empreses inclouen una consulta dental, un laboratori dental i un dipòsit dental. A la tardor de 2010, el seu empleat de la botiga dental va venir a la nostra botiga. El rerefons era que el programa de càlcul ja no funcionava i em va preguntar si podia arreglar-ho. Com que aquest home no necessàriament tenia coneixements comercials, vaig trobar que aquest programa ja no es podia desar. Ara m'havia adonat que tot consistia bàsicament en tres empreses amb una gran varietat d'enfocaments. Així, com a part de la nostra empresa del districte 20, vam crear una oferta per a les tres empreses amb comptabilitat financera i d'inventaris, gestió d'articles oberts. Gestió de trucades de clients i proveïdors i molt més. Ho vaig presentar al cap i va començar a acceptar parts individuals d'aquesta oferta i a rebutjar-ne d'altres. Però com que sempre tinc l'ambició de crear-ho tot al 100%, també va ser el cas en aquest cas, i per descomptat també pel que fa al fet que es va prendre la decisió d'acceptar una altra part de la nostra oferta. Però com que el programari no és estàtic, el programa sovint s'adaptava. Així que vaig anar al seu majorista dental fins a quatre vegades per setmana per fer-ho, cada vegada per agrair-lo durant set anys. Atès que els treballadors presents no eren necessàriament comerciants, no podien fer l'inventari anual. És a dir, fins a l'inventari de l'any 2017, aquest el vaig fer jo amb l'ajuda de les persones presents. Però com que sé per la meva experiència comercial que una cosa així s'hauria de fer en un màxim de dos dies, vaig tenir les meves dificultats en aquest sentit. L'últim inventari es va completar per etapes en dues setmanes. Es va acordar per endavant que la factura presentada per nosaltres es pagaria tres vegades. S'ha abonat el primer import parcial amb un import de tres dígits en euros, la resta encara està oberta. L'argument del client era que el meu programa no funciona, la qual cosa es contradiu fonamentalment. D'una banda, el programari va funcionar impecablement durant set anys i, de l'altra, avui encara l'utilitzen i també fa quatre anys que l'utilitzen. Així que vam tornar a una bona de 4 dígits. Fins i tot una carta d'un advocat que amenaçava amb una ordre de pagament no va ser atesa. Pel que fa als meus clients actuals, als quals cuido com a part del nostre negoci avui dia, permeteu-me dir que estan totalment entusiasmats amb mi, perquè saben el que reben de mi. D'una banda, no es tracta només de la cita puntual, sinó també del coneixement del client al que no renuncio fins a trobar una solució. Pot ser que necessiti temps, però també estic content cada cop que veig que funciona.

Resum

Tu, com a lector, ara pots pensar que has llegit que això no és vida. Sí, podria ser-ho, però com ja s'ha dit, aquestes eren únicament les meves decisions, tant si eren correctes com equivocades, només es poden determinar en retrospectiva. Així que sorgeix la següent pregunta, si soc feliç. Però com que es tracta d'una avaluació purament subjectiva, tothom respondria d'una manera diferent. Estic content. Per què? Quan penso en l'època de la meva addicció, no era realment el que s'anomena vida, així que m'alegro d'haver passat aquest període. Com ho vaig fer aleshores encara no està clar, però estic content d'haver passat aquest temps. Queda sense resposta si estic satisfet, tal com ho vaig formular al meu primer llibre. La raó d'això és que el meu amic més proper es va separar de mi a petició seva després de 10 anys, cosa que encara no entenc fins avui. No sé què més m'ha preparat la vida, però realment no pot venir res més que em sacsegui.

Producció i edició: BoD - Books on Demand,
Norderstedt
ISBN: 9783755760801